星火文化

被遺忘的那個星期六

SÁBADO SANTO

聖經學博士 穆宏志神父／著
黃富巧／整理

Contents

目錄

推薦語

「神父揣摩耶穌受難那天所有在場者的心理及反應，非常生動，讓我們好像也目睹了耶穌受難當天的情景，能幫助我們默想這一段福音。」

台灣高鐵董事長　歐晉德

推薦序

給本書讀者的幾句話

房志榮 神父

本書作者的「序」必須先看，才會知道他要說什麼，不要說什麼，怎樣說，並根據哪些資料在說。然後一章一章地看下去，一定會被一些想不到的故事和細節描述所吸引而欲罷不能。真的嗎？只需略翻本書的八章題材就不難有所領悟了。從黎明到早晨，再到上午、中午、下午，最後到黃昏、晚上、夜晚，一天的事寫成一本書，這該是怎樣的一天呢？問得好，就是那麼奇怪的一天，就是從耶穌被釘死在十字架上，到他從墳墓中復活起來夾在中間的那一天。這一天的日課經第二誦讀，是一篇古老的講道詞「聖而大的安息日」（in sancto et magno Sabbato）。

上述講詞說：「發生了什麼事？今日大地一片寂靜，萬籟無聲，一片荒涼。萬籟無聲，因為君王睡著了，大地寂靜顫慄，因為天主在肉軀內安眠，而喚醒了從古以來的長眠者。」穆宏志神父的這本書不說耶穌到陰府去帶領亞當和聖祖們出來，卻敘述世上那些與耶穌有過各種關連的人，如何回顧那幾天在耶路撒冷所發生的事，再往前看看會發生什麼新事，特別是有關耶穌說過的，他將在第三天復活。剛過去事的回

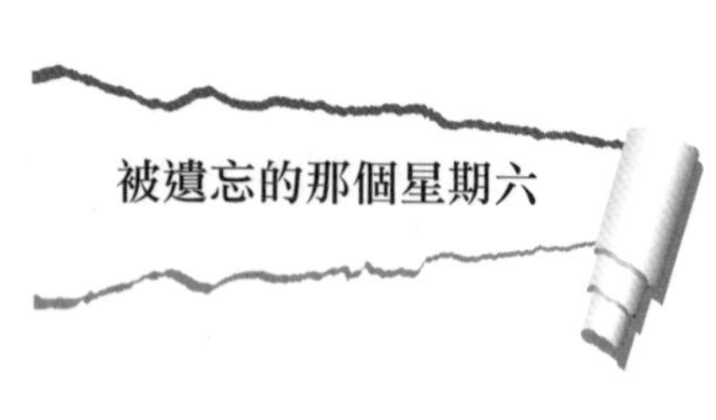

顧，及快要來的事的期盼——所造成的張力都集中在這一天的「現在」，原來這一天的特殊意義也可這樣去體會：用空間講時間，而把時空打成一片。

奇怪的一天

在讀本書時最容易出現的問題大概是：是真的嗎？真發生過這樣的事嗎？可以這樣懂聖經的話嗎？這時就可參考作者在序中所說的三種內涵：直接跟這一天有關的《聖經》資料，如阿黎瑪特雅人若瑟埋葬了耶穌，大司祭要求比拉多派兵看守墳墓等。苦難史以前的《聖經》資料，如耶穌治好水池旁的癱子，使路旁的胎生瞎子復明等。還有第三種資料是作者想像出來的，「企圖給這些小小的細節（指上述二種《聖經》資料）一些生活的環境，活化這些章節。假如歷史真實情況不一定這樣，至少，我希望是可信的。」如此用我們的想像力讀經，非常有趣，且必獲益良多。

這一方面，穆神父是老手。二〇〇七年初他已出版過一本《彩虹的應許~24個救恩的故事》（城邦集團啟示出版）。書題的解釋是：「信仰，需要信心，也需要想像力。本書的二十四個奇想故事，是對天主的愛與救恩的領悟。彩虹和啣著橄欖枝的鴿子的應許，曾經給了諾厄，現在依然在你面前。」對呀，信心，想像力，對天主的愛的領悟彼此串在一起。死去的耶穌和復活的耶穌，他前後左右的人，許許多多景仰他、愛他的人，加里肋亞來的婦女，他的十來位門徒，特別是他的母親納匝肋的瑪利亞和瑪利亞瑪達肋納等人，都會在這特殊的一天出現，供我們瞻仰。

連那些願置耶穌於死地的人，亞納斯，蓋法，或政權第一、人倫掃地，如比拉多、黑落德等人的嘴臉也都顯露，做為真愛的反證，以凸顯信和愛的可貴。

二〇一一年四月六日　房志榮於輔仁聖博敏神學院

本文作者：房志榮神父為耶穌會士，義大利羅馬宗座聖經學院聖經學博士、西班牙戈密亞大學神學碩士，曾任輔仁大學宗教所所長，現為輔仁聖博敏神學院教授。

作者序言

在那一天裡，發生了什麼事？

我寫這本書，基本上是因為好奇。

我想知道，是否可以想像「那一天」到底發生了什麼事？聖週六，對基督徒來說是一個很特別的日子，對天主教會的信友更是如此。在那一天，發生了一些事，同時，卻有另一些事應該發生，但「沒有」發生。那是一個紀念的日子，一個安靜、痛苦的日子。那一天，在凝重的沉默氣氛中，還有著無可置信的驚訝和幾乎無法承擔的等待。因此，那也是一個急切渴望的日子，應該有人迫不及待的想提前看見真相。

我們很可能在不知不覺中，把我們現在的聖週六，投射到「那個」聖週六——耶穌被釘在十字架上的次日（我們因信仰而知道，那是耶穌復活的前一天）。我們說那是「神聖而偉大的星期六」，「一個超大的沉默正籠罩著大地」，也有人用「大君王睡著了」等等來描述那樣一個日子。

也許我們想，在「那個」星期六，全耶路撒冷的人都低頭沉默行走，為他們所做的事心生怕懼，更擔心那件事可能帶來的後果。其中只有幾個人不耐煩的等待著該發生的事，常常看錶，想著還有多久才會到「偉大的時刻」。

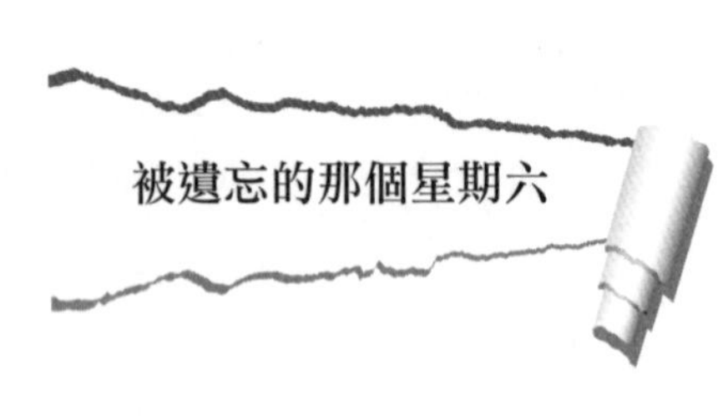

按照《聖經》的資料和歷史的記錄，可以肯定的說：「都不是」。沒有懺悔的痛苦，也沒有期望，也沒有恐懼，也沒有提早看見真相的喜樂。

被遺忘的一天？

讀者若以為我針對聖週六寫出了一本書，必是我有更多不為人知的消息管道。不，我並沒有收到任何啟示。而有關「那天」在耶路撒冷所發生的事，《聖經》所提供的資料也不多。只有幾點間接相關的資訊，很快就可以列出如下：

——比拉多和黑落德在耶穌被釘的那天成了朋友（路廿三12）

——阿黎瑪特雅人若瑟埋葬了耶穌（瑪廿七57，谷十五42，路廿三50，若十九38）

——大司祭要求比拉多看守墳墓（瑪廿七62⋯等）

——一些跟著耶穌，從加里肋亞來的婦女們，第二天清晨到墳墓去（瑪廿八1～8，谷十六1～8，路廿四1～12，若廿1～10）

——次一天，門徒們因為怕猶太人，而關在門內（若廿19）

——多默那次沒有和他們在一起（若廿24）

——有兩個門徒在星期六的第二天，往厄瑪烏去（路廿四13～35）

還有一些更間接的關係：

——耶穌被捕的當晚，有一個少年赤著身子逃走了（谷十四51～52）

——耶穌先在耶路撒冷治好了一個癱子（若五8）

——也治好了一個胎生的瞎子（若九7）

給讀者的小提醒：

若九7表示：《若望福音》第九章第七節

「瑪」指《瑪竇福音》，基督教譯為《馬太福音》

「谷」指《馬爾谷福音》，基督教譯為《馬可福音》

「路」指《路加福音》

「若」指《若望福音》，基督教譯為《約翰福音》

以上所列的就是一切的《聖經》基礎，其他的都是想像的，企圖給這些小小的細節一些生活的環境，活化這些章節。假如歷史真實情境並不一定是那樣的，至少，我希望是可信的。

重回耶路撒冷現場

我不是在寫小說，因為我在書中很少使用描寫的手法。我也沒有興趣重寫《聖經》作者對當時耶路撒冷的地理和風俗所表達過的內容。這本書的內容基本上都是一些對話。我認為重要的是注意在耶路撒冷的人，他們怎麼談論前一天的事。這並不是說，全耶路撒冷整天都在談論那件事情。我想，總有人會提一提的，尤其是那些比較直接和「那件事」有關係的人。我用對話來表現當時他們對「那件事」大概在想些什麼。只有對話能表達人心，或者至少是人們所願意表達的內心想法。

這本書中有許多人物，我將他們分為三組：

一、《聖經》的人物，意思是和耶穌的死亡有關係的人：耶穌的十二門徒，加里肋亞婦女們（包括耶穌的母親），比拉多和他的太太，黑落德，亞納斯，蓋法，阿黎瑪特雅人若瑟，尼苛德摩，赤著身子逃走的少年。

二、歷史的人物，意思是那時候存在的人，我們因著《聖經》或是別的文件而認識的，他們並沒有親自參與耶穌的死亡：黑落狄雅，雇撒，亞納斯的兒子和女兒（蓋法的太太），其他的司祭，被耶穌在耶路撒冷醫治的人，也可以加上羅馬士兵。

三、虛構的人。就是《聖經》沒有提到的人，但可以是當時耶路撒冷的人或是以色列人，男人和女人，兒童，商人，法利塞人等。我儘量給他們一個猶太名字，以配合他們的身份。幸好《舊約》中有很多男人的名字可以使用。另外，還要加上比拉多的顧問。

猶太人的安息日算法

有兩件事情要提醒讀者注意，一件是日子的算法，另一件就是耶路撒冷的地形。

我們所說的聖週六，通常懂的是從半夜的凌晨到次日的凌晨。然而，猶太人的算法和我們不一樣，他們是以日落開始的。因此，猶太人的安息日比我們現在算的聖週六早六個鐘頭左右開始，也早六個鐘頭結束。意思是說，我們現在說的聖週六包括十八個鐘頭的安息日和六個鐘頭的次一天（那週的第一天）。很可能比拉多、羅馬士兵甚至於黑落德的算法也和我們一樣。因此，對他們來說，那個晚上還算在星期六的日子裡。可是，其他的人物已經過了安息日。我們應該注意這件事，為能正確的了解他們所提到的幾個時間點。

關於耶路撒冷的地形，要注意幾個重要地點的相關位置關係。聖殿是在最高的地方，而且是在耶路撒冷的東方，面向著橄欖園。城市是在聖殿西邊。再遠一點是丘陵和地中海。

真正值得驚訝的是……

現在，我想討論幾件比較使人驚訝的事。

一、**要求看守墳墓**。我們都相信大司祭們向比拉多要求這件事，是在耶穌死亡當天，是不是？但是，唯一提到這件事的瑪竇說，是在耶穌安葬之後（瑪廿七62～66）。而耶穌安葬是在傍晚時。瑪竇說「第二天」，可是第二天應該是安息日。可是，那時再來麻煩總督，明智嗎？他們已經強迫他答應他們所要求的了。而且那麼晚了再去提一個奇怪的要求，可能不是恰當的時刻，都已經過了整個安息日了。因此，我覺得留到我們認為的第二天比較合。

二、**猶達斯的死亡和他的圖像**。我敢肯定，大部份的讀者會很驚訝看到猶達斯活著而且還進行一些活動……，在吊死的第二天。很驚奇的看他用那三十塊銀錢做買賣……，在丟了那三十塊銀錢的第二天。可是，倘若星期五他還沒有吊死呢？假如他沒有把三十塊銀錢丟到聖殿裡呢？是的，我知道我們都習慣，在遙遠的十字架後面看到一個人的輪廓，吊在橄欖樹上，或者相反，在一個人影之後有依稀遠遠的十字架。我們有這些圖像，都是依靠瑪竇的敘述。

可是，在《宗徒大事錄》一章16至20節，路加借伯多祿的口，跟我們講了很不一樣的故事：「這人竟用不義的代價買了一塊田地，他倒頭墮下，腹部崩裂，一切臟腑都流了出來。」和《瑪竇福音》一樣都是《聖經》的記載，而我選擇《宗徒大事錄》的這個敘述，因為這樣的敘述為星期六加上了許多戲劇性。同時，他買的田地可能是一個田莊。因為伯多祿所引用的《聖詠》說：「沒有人在那裡居住」，意思是除了田以外，應該也有房舍。

在這本書中猶達斯的圖像也比一般的印象好一些，我沒有說他是出賣者；他不相信耶穌，且是耶穌死亡的同謀者。為什麼？我們看事實：瑪廿七3～5，猶達斯看耶穌被定死罪，他後悔了（也許意思是改變主意），意思是說，可能猶達斯交出耶穌，可是並不是要殺死他。以後，他把錢丟到聖殿。可是，我們不是知道猶達斯是小偷嗎？這細節是從若望而來的，以後我們再回頭來看這裡。宗徒大事錄在上面所提到的章節說，猶達斯領導那些逮捕耶穌的人，因此，是同謀者，而且可能是必須要有的同謀者，可是，並不一定是出賣者。雖然路加說那是「不義的代價」。看起來，猶達斯這個人物描寫得愈來愈黑，而若望，最後一部福音，追加了更多的黑墨在他身上：稱呼他為小偷和喪亡之子（假如這句話是指猶達斯）。

我並不說我這樣的解釋按歷史來看是比較可能的，至少，這樣的說法和《聖經》

並不衝突。

來路不明的朋友和香料

三、**尼苛德摩的事**。這是一個比較棘手的事件。只有《若望福音》提到這號人物：三章，他去找耶穌；在七章，他用法律來保護耶穌；然後，在十九章，他帶了一百斤的香料為了敷抹耶穌，並將祂安葬。

可是，翻遍三部對觀福音（或是整個的《新約》），似乎福音的作者都不認識耶穌的這位經師朋友，也不知道他的一百斤香料。看起來好像耶穌安葬的敘述繼續不斷地受到美化的過程，而若望的敘述則是這個過程的高峰。在這個高舉的描寫中，尼苛德摩是一個非常重要的因素。從歷史的立場來看，不太容易相信這些。首先，尼苛德摩在逾越節中，從哪裡湊得到那麼多香料？其次，羅馬人不太可能接受這樣的一件事：這樣的尊重一個囚犯的屍體。過了一段時間，比拉多因了派人守墳的事情有點厭煩的時候，會比較容易接受嗎？不敢肯定。可是，幸虧在歷史中沒有機會知道，而且，無論如何，這件事情是在「我的」星期六之外。因了這些緣故，我寧願把若望的這個資料當作尼苛德摩的一個念頭。他以後會喜歡他之前做了的事（可是其實並沒有做，對比其他的福音可知）——一件他若有機會就會做的事。

但是，假如有人還是要把尼苛德摩和他的一百斤香料丟到我的頭上，我只能逃避，將自己隱藏在瑪竇、馬爾谷和路加那充滿驚奇與不解的頭（或臉）上。

在這些解釋之後，讀者可以閱讀、且會比較容易讀懂這本書。

而同時，必須了解：耶路撒冷全城的人在這一天之後將要接受到一個極大的震驚⋯，而原因正是因為：並沒有人在等待什麼。

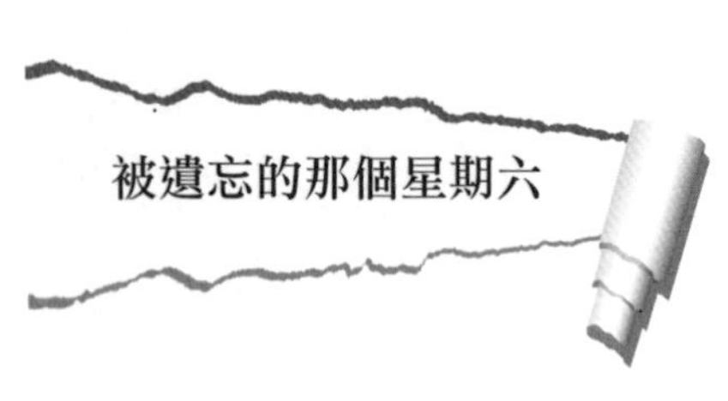

登場人物Ⅰ

聖經人物

加里肋亞婦女

撒羅默（Salomé）：（谷十五40）；蘇撒納：（路八3）；瑪利亞，雅各伯的母親：（谷十五40）；載伯德兒子的母親：（瑪廿七56）

約安納：（路八3）；瑪利亞瑪達肋納：（路八3）；瑪利亞，耶穌的母親

羅馬人

比拉多

黑落德家

黑落德（Herodes）；黑落狄雅（Herodías）：（谷六14．17）；雇撒（Cusa）：（路八3）

司祭

亞納斯（Anás）；蓋法（Caifás）：（若十八13）

耶穌的門徒

十一個；阿黎瑪特雅人若瑟；尼苛德摩（若十九38．39）

依斯加略人西滿的兒子猶達斯（若十三2）

克羅帕（路廿四18）

巴辣巴（若十八40）

古先知

厄里叟和巴耳沙里沙人（列下四42）

赤身露體逃走的少年（谷十四51～52）

給讀者的小提醒：

「列下」指《列王紀下》，基督教譯為《列王紀下》

登場人物II

聖經沒有提到的人物*

麵包師傅

革辣（創四六21）；瑪赫拉（戶廿六33）；依史雅（編上七3）

四個朋友

厄里匝番（戶三十四25），鐵匠；彼耳達得（約二11），肉販，加里肋亞人

納巴耳（撒上廿五3），皮匠；耶孚乃（編上七38），木匠

招待朝聖者

哈巴耳（編上七39）；提爾匝（戶廿六33）

三個加里肋亞地主（公議會的「長老」）

瑪耳基雅，默叔藍，舍瑪黎雅（厄上十31．29．32）

司祭

阿納尼雅司祭（撒上七5），米茲帕人（安息日值班的司祭班長）

烏匝（撒下六4～8）

* 作者儘量賦予這些人物一個聖經中可以找到的名字，因此人名後附列的經文就是名字的聖經出處。

登場人物II　聖經沒有提到的人物

依市瑪耳（厄上十22）（週五值班的司祭班長）；

厄肋阿匝爾（戶卅一6）亞納斯的兒子；

阿達雅（編年上九12）（本週的第一天的值班司祭班長）

聖殿的（總）監督

雅黎布（厄上十18）；則巴狄雅（厄上十20）；乃塔乃耳（厄上十20）；約匝巴得（厄上十22）；烏齊雅（匝十四5）；帕市胡爾（耶廿1~2）

羅馬人

波庫拉；穆雷納

彼提尼雅人（宗十六7）；百夫長馬爾谷

法利塞人

真法利塞人（瑪廿一1），貝特法革人；西滿，雅各伯

赤身露體逃走的少年的朋友

依泰（撒下十八12）；雅依爾（民十3）；漆巴（撒下九2）；基默罕（撒下十九38）

胎生瞎子的母親

盧德（盧一4）

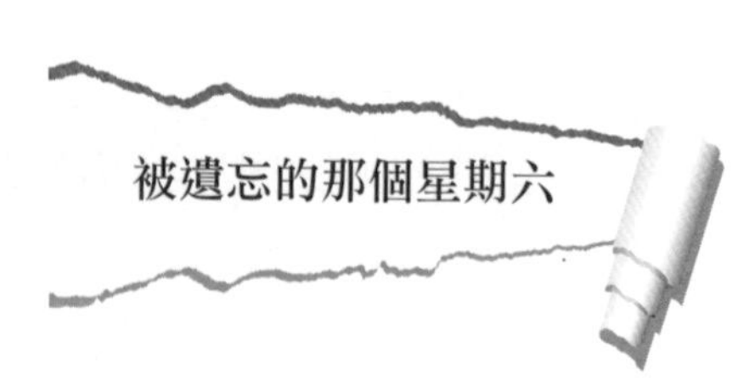

給讀者的小提醒：

「創」指《創世紀》，基督教譯為《創世記》
「戶」指《戶籍紀》，基督教譯為《民數記》
「編上」指《編年紀上》，基督教譯為《歷代志上》
「約」指《約伯傳》，基督教譯為《約伯記》
「撒上」指《撒慕爾紀上》，基督教譯為《撒母耳記上》
「厄上」指《厄斯德拉上》，基督教譯為《以斯拉記》
「撒下」指《撒慕爾紀下》，基督教譯為《撒母耳記下》
「匝」指《匝加利亞》，基督教譯為《撒迦利亞書》
「耶」指《耶肋米亞》，基督教譯為《耶利米書》
「宗」指《宗徒大事錄》，基督教譯為《使徒行傳》
「民」指《民長紀》，基督教譯為《士師記》
「盧」指《盧德傳》，基督教譯為《路得記》

耶穌時代的耶路撒冷城（地圖）

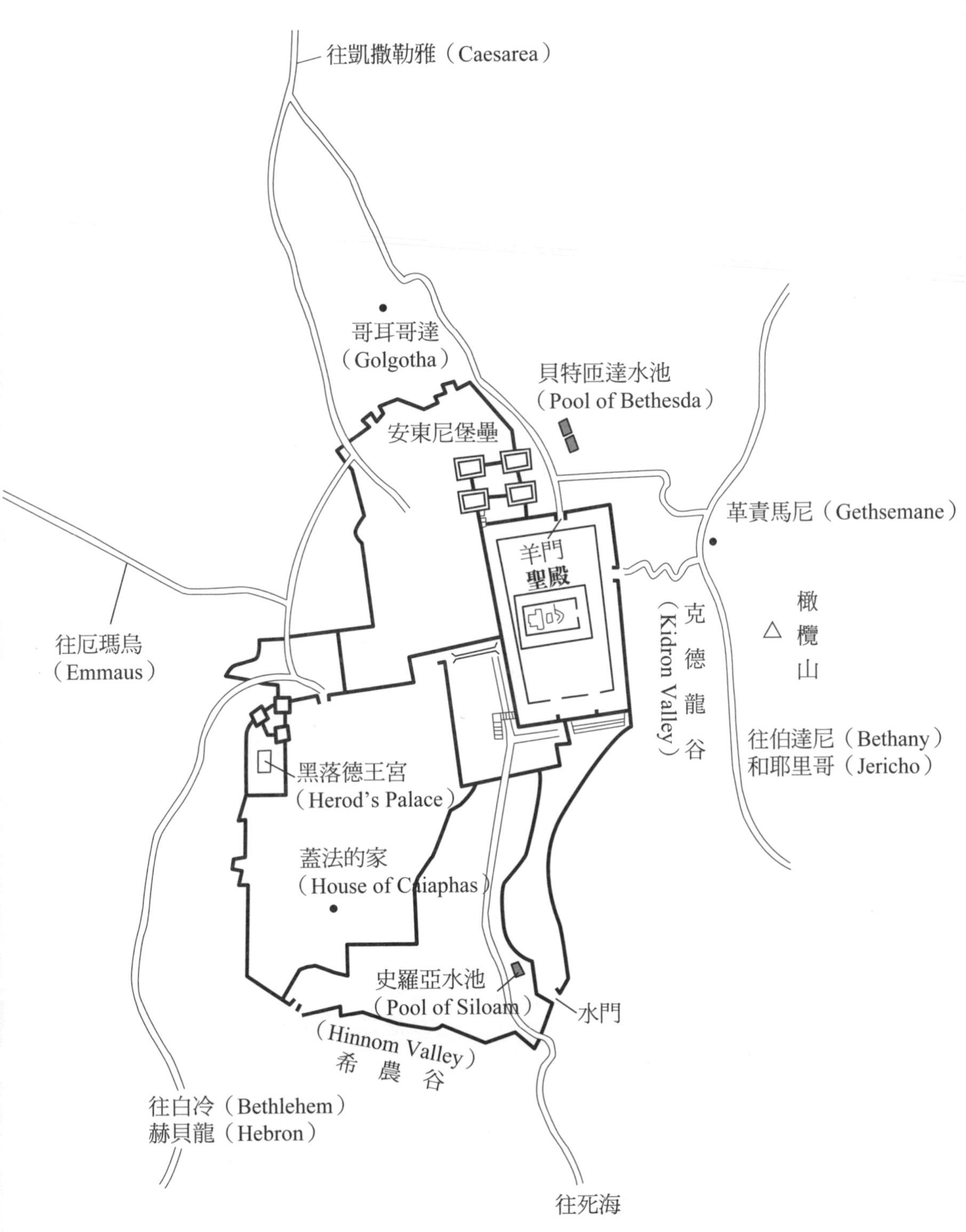

序曲

根據《路加福音》的記載，耶穌跟門徒吃了最後的晚餐，然後發生了一連串的事情*。

耶穌出來，照常往橄欖山去，門徒也跟著去了。

到了那地方，耶穌便給他們說：「你們應該祈禱，免得陷於誘惑。」

遂離開他們，約有扔一石頭那麼遠，屈膝祈禱，

說：「父啊！你如果願意，請給我免去這一杯吧！但不要隨我的意願，而要照你的意願成就吧！」

有一位天使，從天上向祂顯現，加強祂的力量。

祂在極度恐慌中，祈禱更加迫切，汗水如同血珠滴在地上。

祂結束祈禱站起身，回到門徒那裏，看見他們都因憂悶睡著了，

就對他們說：「你們怎麼睡覺呢？起來祈禱吧！免得陷於誘惑。」

---

* 本段記載主要依據天主教思高聖經學會出版的聖經譯本，同時也參照天主教《牧靈聖經》、基督教聯合聖經公會的《新標點和合本》，以及聖經資源中心出版的《新約新和合譯本》，為使本段敘述在文字的閱讀上更加流暢。

耶穌被捕

耶穌還在說話的時候，來了一群人，那十二人之一、名叫猶達斯的，走在他們前面；他走近耶穌，要親吻祂。

耶穌對他說：「猶達斯，你用親吻來負賣人子嗎？」

耶穌周圍的人一見那光景，就說：「主，我們可以用劍嗎？」

他們中有一個人用劍砍了大司祭的僕人，把他的右耳削了下來。

耶穌說道：「到此為止。」就摸了摸那人的耳朵，治好了他。

耶穌對那些來到祂跟前的司祭長，和聖殿警官並長老說：「你們拿著刀劍棍棒出來，好像對付強盜嗎？我天天同你們在聖殿裏的時候，你們沒有下手逮捕我；但現在是你們和黑暗掌權的時候！」

伯多祿三次背主

他們既拿住耶穌，就帶祂進到大司祭的住它。伯多祿遠遠地跟著。

他們在庭院中生了火，一起環坐，伯多祿也坐在他們中間。

有一個使女看見他面對火光坐著，便定睛注視他說：「這個人也是同他一起的。」

伯多祿否認說：「女人，我不認識他。」

過了不久，另一個人看見他說：「你也是他們中的一個。」伯多祿說：「你這個人，我不是！」

約莫一個時辰後，又有一個人肯定說：「這個人實在是同他一起的，因為他也是加里肋亞人。」

伯多祿說：「你這個人！我不曉得你說的是什麼！」他正說話的時候，雞便叫了。

主轉過身來，看了看伯多祿，伯多祿就想起主對他說的話來：「今天雞叫以前，你要三次不認我。」

伯多祿就走到外面，悽慘地哭了起來。

那些羈押耶穌的人，戲弄祂、打祂；

又蒙著祂問：「你是先知，告訴我們是誰打你？」

他們還說了許多別的話侮辱祂。

公議會審判耶穌

天一亮，民間長老及司祭長並經師集合起來，把耶穌帶到他們的公議會裏，說：

「如果你是默西亞，就告訴我們吧！」耶穌回答他們說：「即便我告訴你們，你們也不會相信。如果我問，你們也決不回答。從今以後，人子要坐在大能者天主的右邊。」

眾人於是說：「那麼，你就是天主子了？」耶穌對他們說：「你們說了，我就是。」

他們說：「我們何必還需要見證呢？我們親自從他的口中聽到了。」

比拉多初審耶穌

於是，他們全體起來，把耶穌押送到比拉多面前，開始控告祂說：「我們查得這個人煽惑我們的民族，阻止給凱撒繳稅，且自稱為默西亞君王。」

比拉多遂問耶穌說：「你是猶太人的君王嗎？」耶穌回答說：「你說的是。」

比拉多對司祭長及群眾說：「我在這人身上查不出什麼罪狀來。」

但他們堅持說：「他在猶太全境講道，煽惑民眾，從加里肋亞起，一直到這裏。」

解送黑落德前

比拉多聽了，就問耶穌是不是加里肋亞人。既知道祂屬黑落德管轄，就把祂轉送到黑落德那裏。這幾天，黑落德也在耶路撒冷。

黑落德見了耶穌，不勝欣喜，原來他早就願意看看耶穌，因為他曾聽說過關於耶穌的事，也指望祂顯個奇蹟。

於是，他問了耶穌許多事，但耶穌什麼都不回答。司祭長及經師站在那裡，極力控告祂。黑落德及自己的侍衛鄙視祂，戲笑祂，並給祂穿上華麗的長袍，把祂解送回到比拉多那裏。

黑落德與比拉多原是仇敵，但自那天起，他倆成了朋友。

耶穌被判死刑

比拉多召集司祭長、官吏及人民來，對他們說：「你們給我送這個人來，說他是個煽動民眾的人。看，我在你們面前

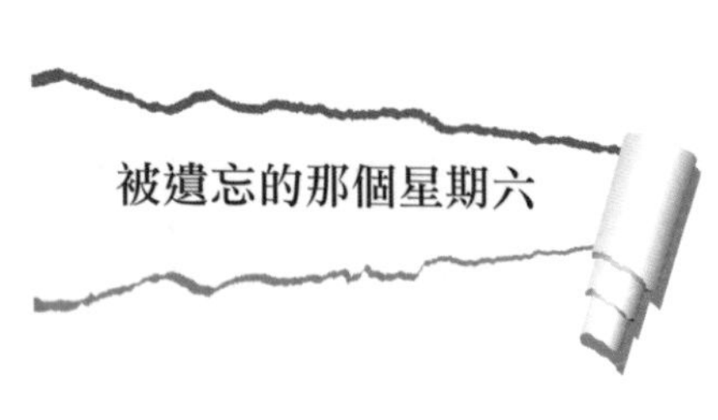

審問了他，卻查不出你們所告他的罪狀！而且黑落德也沒有查出來，因此又把他送回來，可見他沒有做過什麼該死的事。所以，我懲治他以後，便釋放他。」

每逢逾越節，比拉多必須照慣例釋放一名囚犯。

他們卻齊聲喊叫說：「除掉這個人，給我們釋放巴辣巴。」

巴辣巴卻是因為曾在城中作亂殺人而下獄的。

比拉多又向他們聲明，願意釋放耶穌。

他們卻不斷地喊叫說：「把他釘在十字架上，釘他在十字架上！」

比拉多第三次對他們說：「這人到底做了什麼惡事？我在他身上查不出什麼應死的罪狀來。所以我懲治他以後，便釋放他。」

但是他們仍厲聲逼迫，要求釘祂在十字架上。他們的喊聲，越來越厲害。

比拉多遂宣判：照他們所請求的執行，便將他們所要求的，那個因作亂殺人而下獄的犯人釋放；至於耶穌，卻把祂交出來，讓他們隨意處理。

十字架苦路

他們把耶穌帶走的時候，抓住一個從田間來的基勒乃人西滿，把十字架放在他身上，叫他在耶穌後面背著。

有許多人民及婦女跟隨著耶穌，婦女悲泣搥胸，為祂哀傷痛哭。

耶穌轉身向她們說：「耶路撒冷的女子！不要為我哭泣，當為妳們自己及妳們的子女哭泣，因為日子將到，那時人要說：『那不生育的、未曾懷胎的，和未曾乳養嬰孩的，是有福的。』

那時，人要開始對高山說：『倒在我們身上吧！』對丘陵說：『蓋住我們吧！』如果對待青綠的樹木尚且如此，那麼對待枯槁的樹木又將怎樣呢？」

另有二個凶犯也被帶去，同耶穌一同受死。

被釘在十字架上

他們到了那名叫髑髏的地方，就在那裏把耶穌釘在十字架上；也釘了那兩個凶犯：一個在右邊，一個在左邊。

耶穌說：「父啊，寬赦他們吧！因為他們不知道他們做的是什麼。」

他們拈鬮分了祂的衣服。

民眾站著觀望。官長們嗤笑說：「他救了別人，如果他是天主的受傅者、被選者，就救救自己吧！」

士兵也戲弄祂，上前把醋送給祂說：

「如果你是猶太人的君王，就救你自己吧！」

在祂上頭還有一塊用希臘文、拉丁及希伯來文字寫的罪狀牌：「這是猶太人的君王。」

同釘的凶犯中，有一個侮辱耶穌說：「你不是默西亞嗎？救救你自己和我們吧！」

另一個凶犯應聲責斥他說：「你既然受同樣的刑罰，連天主你都不怕嗎？我們理應受此懲罰，為我們所做的付出代價；但是，這個人從未做過什麼不正當的事。」

隨後說：「耶穌，當你為王時，請你紀念我！」

耶穌對他說：「我實在告訴你：今天你就要與我一同在樂園裏。」

耶穌斷氣

這時，大約已是第六時辰，遍地都昏暗了，直到第九時辰。

太陽失去了光，聖所的帳幔從中間裂開。

耶穌大聲呼喊說：「父啊！我把我的靈魂交託在你手中。」說完這話，便斷了氣。

百夫長看見所發生的事，遂光榮天主說：「這人實在是一個義人。」

那些一同前來觀望的群眾，見此情形，都搥著胸悲傷地回去了。

所有與耶穌相識的人，和那些由加里肋亞隨侍祂的婦女們，遠遠地站著，觀看這些事。

埋葬耶穌

有一個人名叫若瑟，是一個議員，又是一個善良公正的人。

他原是猶太阿黎瑪特雅城人，一向期待天主的國；他沒有附和其他人的計謀和作為。

他去見比拉多，要求收回耶穌的遺體。

他把遺體卸下，用殮布裹好，安葬在由巖石鑿成，而尚未葬過人的墓穴裏。

那天是預備日，安息日即將來臨。

那些從加里肋亞和耶穌同來的婦女跟在若瑟後面，看見了墓穴，並觀看耶穌的遺體，是怎樣被安葬的。

她們回去，就預備了香料和香膏。安息日，她們依照誡命安息。

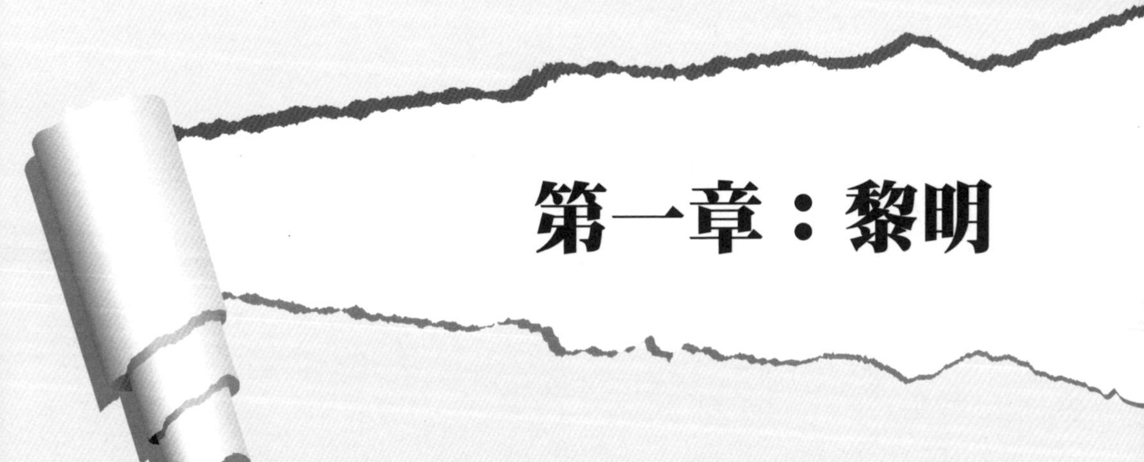

第一章：黎明

耶穌的屍體靜穆的躺在墳墓裡的石板上，已無氣息。潔白的殮布包裹著傷痕累累的身體，汗巾覆蓋著臉龐，安詳的面容，彷彿不曾經歷那場椎心刺骨的苦難。眾人在前一天傍晚便已匆匆離去，獨留耶穌……

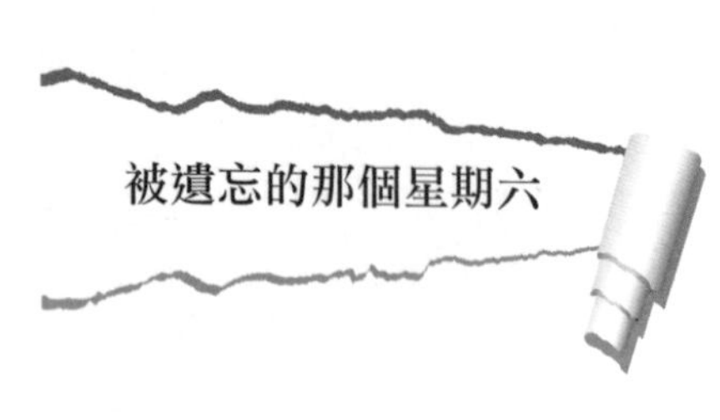

革辣是麵包師父，他就棲身在自己工作的麵包坊中，這樣無論工作或生活都很方便。

這一天，他一如往常，天沒亮就起床了，但今天是安息日，而且是「逾越節」的安息日，所以他無事可做，實在閒得發慌，於是他決定起身走到街上，迎接清晨的第一道曙光。清晨涼爽的空氣讓他舒暢地呼吸著。四月初的早晨相當涼快，天色也相當清朗，月亮甚至還高掛在天上，閃閃發亮，那光亮幾乎是掩蓋了滿天的星辰，除了遠處的一、二顆星星。

他一邊走著，一邊自言自語起來：「還這麼早，我怎麼就起來了？我何必那麼早起呢！又沒事好做，況且今天什麼也不能做。不過，也都這個時候了，我也實在是躺不住了。」

革辣大約四十幾歲，有個穩定的工作（他自己是這麼認為：反正每個人都需要有東西吃，而且還有許多外地來的人，他們到耶路撒冷時，更需要吃的）。他相當滿意自己的家庭，他的大兒子依史雅已經夠大，能幫忙他的工作了，雖然他還不習慣早起；瑪赫拉是個勤勞又能幹的太太，雖然還比不上會堂中某個被讚美的婦女，不過，他滿足地對自己說：「她已經夠好了！」他平常不太理會城裡發生什麼事情，或是有什麼八卦傳言，但前一天，好像整個城市都在躁動，聽說好像是公議會要將一位來自加里肋亞的師傅定罪。「當然，是加里肋亞來的。」革辣這麼想著，可是，羅馬總督似乎不太認同公議會的決定。他才懶得管什麼政治，他只期望有朝一日羅馬人會離開這裡，停止吃以色列人的小麥，或是帶走以色列人辛苦種植的小麥。「真巴不得他們趕快離開！」革辣嘴裡嘟囔著。

在涼快的早晨裡，他邊散步邊舒展四肢，左右探看一下周圍的環境，唉！家家戶戶仍未點燈，他只好再轉身回家。回到家，他還是什麼也沒做，不過至少是在自己家裡。

* * * * *

幾乎所有耶路撒冷的居民都還在沉睡中，遠方的天色逐漸泛白，無聲地蔓延過整座城市……。

* * * * *

阿納尼雅是個司祭，本週正好輪到他在聖殿值班。多年以來，他都在等待這個日子的到來。

他一直數算著自己任職的時間點，恰好是某年的逾越節慶時，他將在聖殿值班。懷著這個期待倒數著日子，成為他平時最大的安慰，讓他平安地度過每個在鄉下生活的日子。在鄉村，他會給鄰近的孩童上課，讓他們學習、認字、唸書，並且了解法律

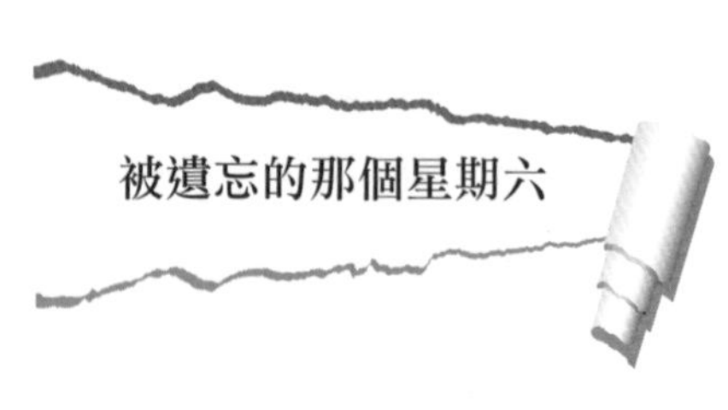

（當然只是給男孩上課，不會是女孩，天主保祐我避免這事發生）。他還有個小小菜園，在那邊他可以種些蔬菜和水果，這對他困窘的經濟狀況多少有些幫助。

大自然的警告

這個晚上，正是逾越節後的第一個晚上，他正在聖殿值班，周圍氣氛非常凝重。就在前一天，大約下午時分，聖殿的布幔突然裂開了，同一時間，又是颳風，又是閃電，又是打雷，這時候待在有高聳屋頂的聖殿之中，是多麼讓人害怕！一道又一道的閃電碰觸到聖殿裡的大理石和金屬的裝飾品，引發一連串的聲響和亮光，不過，這一點他還能接受，畢竟這不是他生平第一次見到閃電、打雷，雖然這的確比在鄉下遇到的還可怕，不過，反正就是閃電、打雷的自然現象罷了。

真正糟糕的是，不知從什麼時刻開始，好像和剛才那令人害怕的雷霆聲同時，原本分隔至聖所和聖所的布幔開始破裂。他親眼目睹布幔開始從中間裂開，慢慢地、漸漸地，沒有發出特別的聲響，好像不稍加留意就不會發現它正逐漸在破裂。絕不是因為閃電，也不是因為地震引起的，他知道早在這之前，它就開始以非常慢的速度在破裂，所以他有時間去通知其他幾個司祭。他們看到後又驚訝又顫慄，眼見裂縫越來越大，布幔緩緩地往下掉，那麼不著痕跡的，他們自然而然地用目光巡視各處，當目光觸及布幔的同時，一陣天搖地動，但沒有加速布幔的分裂，也沒有使布幔完全裂開，布幔好像絲毫不受外力影響而自然地裂開，這更加劇他們的恐慌，因為他們太習慣大自然的力量是以暴力、以巨響來突顯，像這樣那麼自然而平靜發生的事，只有一位有能力這樣做——「天主！」他們心裡確實是這麼想的，不過誰也不敢說出口，特別是在這樣糟糕的狀況中，怎麼能說出褻瀆的話！

整個夜晚，阿納尼雅腦袋裡想的，全都是前一天所發生的景象：雷霆聲、裂開的布幔、忙得團團轉的自己。最後，他終於靜下心來，決定將布幔恢復原狀，於是匆匆用幾大針縫合起來。就是這幾大針，讓他睡不安眠。再一次的，就如前一天所發生的那麼自然，每當他巡邏聖殿，經過布幔時，總能聽到那微弱的、幾乎難以察覺的撕裂聲。他避免朝布幔的方向望去，以免不小心看到不該看的而引來災禍，因為他非常清楚記得烏匝所發生的事❶。但是，他又不得不起身接近，因為他實在沒辦法在任何地方久坐，並不是害怕自己會睡著，現在即使讓他睡在柔軟、舒適的床上，他也睡不著，因為他非常害怕而且擔憂：撕裂的布幔到

❶ 遂將天主的約櫃，從丘陵上的阿彼納達布家裏抬出，放在一輛新車上，阿彼納達布的兩個兒子，烏匝和阿希約駕駛新車。烏匝走在天主約櫃的後面，阿希約走在前面…他們來到納貢的禾場時，因為牛幾乎使天主的約櫃傾倒，烏匝便伸手扶住。為了他一時的冒失，上主就向烏匝發怒，將他擊殺，他便死在天主的約櫃旁。（撒下六3～4，6～7）

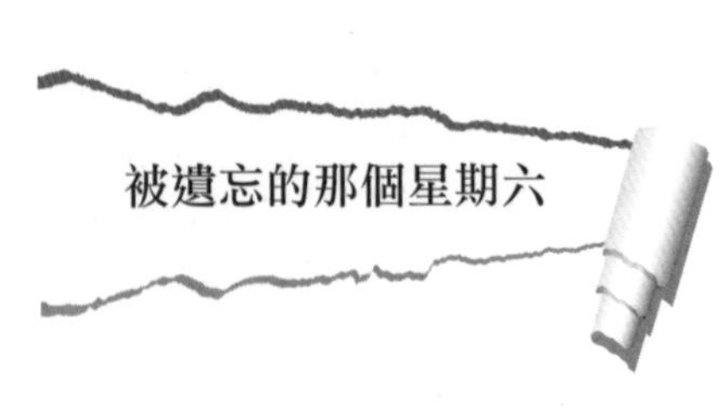

底有何意義？

「這是天主的作為嗎？」他望著布幔暗自尋思，但他知道這個想法很荒謬，因為正是天主自己命令人們用布幔，將至聖所和聖所分隔開來，以免人們看見至聖所，除了大司祭一年得進入一次之外。

他從東門俯瞰東方，並沒有任何一條河從聖殿流出❷，阿納尼雅放心一些；他再抬頭望向橄欖山，也還看不到黎明的曙光。終於，雞啼了！阿納尼雅內心平安許多，早晨終究來臨了。

聖殿內，撕裂開來的布幔只剩下二、三針勉強支撐著……

＊＊＊＊

瑪利亞瑪達肋納將她的頭從膝蓋上抬起來，望向天空，看到了些許星光。「現在是什麼時候了？」她問著自己，同時把頭向後仰一仰，以舒展自己之前因不自然的姿勢所造成的不適。

天上的月亮，讓她分不清楚自己所見到的光輝，到底是月光還是黎明的曙光。應該是太陽快要出來的時候了，她挺起身來，開始活動身體，拍打自己的手臂，感受到一整夜的寒冷仍停留在身體裡，於是她來回走了幾步，雙腳在地上頓了頓，又用力的拉拉自己的手臂。之後，她慢慢地，極其柔和地

❷ 參閱《厄則克耳先知書（以西結書）》四十二章

望向那做新墳，再看了看自己坐了一整晚的大石，這熟悉又陌生的一切，像做了一場夢似的。她茫然的望向天空，視線順著城市的盡頭移向墓地，猶如大夢初醒。她想回家，但不會是在黎明之前。

黎明前的等待

她再一次坐回原來的大石上，這石頭就擺放在阿黎瑪特雅人若瑟和他的僕人安葬耶穌的墓前。因為昨天下午的一場雷雨，石頭還是濕的，不過，她用自己外套鋪上，還可勉強坐下。坐下以後，她開始回想先前在墓穴裡，安葬耶穌屍體的過程，是那麼的簡單。耶穌！耶穌的屍體用布包裹著，沒有清洗，抹上少得不能再少的油，完全不是她所能想像的安葬方式。沒有人問她的意見，甚至不肯讓她接近。她已經決定要彌補這樣的疏失，要在第二天的早晨好好為耶穌安葬。但是，現在什麼都不能做，只能等待。她再度望向墳墓，彷彿她的眼睛能看穿石頭，看到耶穌的身體躺在石板上，他的背直挺挺地躺在石板上，雙腿打直，手臂沿著身軀兩側擺放。無聲的眼淚從她的兩頰滑落，她原以為淚水早已流盡。

* * * * *

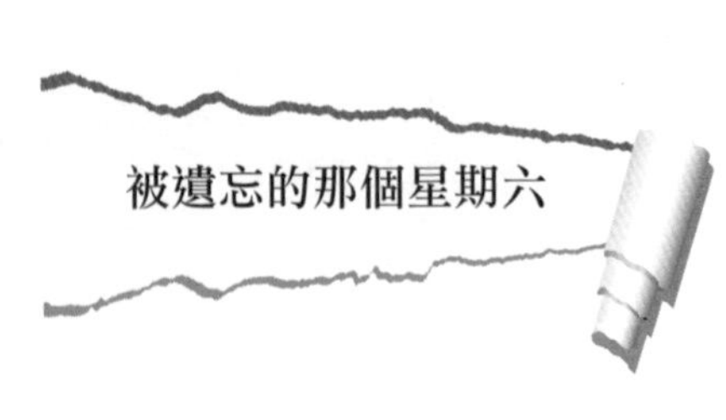

在大司祭的宮殿裡，亞納斯、蓋法舒適地睡在自己相當寬大的房間裡。僕人們為他們拉上窗簾，以遮擋清晨直射進來的陽光。關於他們，還有什麼好說的呢？

* * * * *

徹夜狂歡之後，黑落德的宴會似乎略顯乏味，失去原有的活潑與生氣。這是個逾越節慶的晚宴，比平常舉辦的宴會都來得盛大，當然，一年一度的節慶總要大肆慶祝一番……其他的宴會，則是每隔二、三個月就舉行一次。晚餐早就結束了，但黑落德幾乎記不得自己到底吃了些什麼，不過，桌上的葡萄酒卻是接續不斷，有來自他所管轄的地方——加里肋亞的葡萄酒，也有一些來自格林多、意大利、西班牙等較遠產地的酒，還有配合甜點的酒，以及持續了數個小時的餐後酒。

逃避到酒色裡

現在參與宴會的不是那些在耶路撒冷有名的鄉紳，他們一點也不喜歡他，他也不喜歡他們。他之所以會在耶路撒冷城過逾越節，只是為了表現自己關心耶路撒冷城，為給他所管轄的地方的人看。他清楚知道城裡的居民厭惡他，因為他從來不管國事，而且他奢華度日，生活委靡……也因為他是他父親的兒子。有些人不只是厭惡他，更是想盡辦法要除掉他，至少幻想著除掉他的畫面，就是因為這個緣故，有時他會因此而苦惱。

晚宴很棒，有一些較年長的官員以及護衛長入席，還有皮膚滑嫩、柔軟的年輕女子——她們都是經過特別的挑選，為了能以優美的姿勢一一為客人倒酒。酒精開始起了作用，使得他的思考變得緩慢，好像頭腦與感覺沒有關聯，彼此分離了，因此，感官主導了一切，這時如果能來點音樂好像更能幫助入眠。不同的火爐各自燃燒著不同氣味的香料，瀰漫在房間周圍。房裡還有一些為了宴會而買來的會跳舞的奴婢，她們來自不同的地方，不同的民族，黑落德與幾個販賣奴隸的商人關係很好，他們都清楚應該挑選年輕又會跳舞的女人給他，最好又是能教導其他婢女跳舞的人，這樣她們就能表演出各種不同的舞蹈節目。她們在白天服侍黑落狄雅和她的女兒；晚上……跳舞。

黑落德一小口、一小口的啜飲，這樣可以延長自己清醒的時間，雖然如此，酒的甜蜜依然帶給身體如夢似幻的感覺。舞曲結束了，舞者分別向左、右賓客鞠躬、致謝，表達對在座賓客的熱情。這時，喜歡宴會熱鬧氣氛，酒量又好的軍長，再次要求舞者繼續下一場表演。但很明顯的，她們的身體已經相當疲累，最重要的是，黑落德的雙眼已經慢慢地闔上了。最後，當他的頭倒在桌子上時，宴會也到了尾聲。音樂停了，公雞啼了，兩個身材魁梧的奴隸抬起黑落德，將他扶到房間裡，小心翼翼地把他放在床上。在隔壁房間的黑落狄雅，早已入睡很長一段時間了，既滿足又疲倦。

黑落德並不是馬上睡著，也許是睡了又醒，或是說處在半夢半醒之間，他什麼也不想，可是剛剛宴會中歡樂的畫面又不自主的浮現腦海，他在床上翻來覆去，終於，在天快亮時，他睡著了。

* * * *

在距離黑落德宮殿相當遠的一個房子裡，有幾位從加里肋亞來的婦女在此過夜。她們隨同耶穌上耶路撒冷過節，在這個不富裕的人家中，找到暫時的棲身之所，這戶人家常常接待貧困的朝聖者。

「我們常年居住在耶路撒冷城，多麼幸福啊！理當打開我們的家門，迎接遠道而來，前往聖殿敬拜天主的朝聖者。」男主人哈巴耳一面歡迎她們，一面說著。

女主人提爾匝引領她們來到已經準備好的房間時，提醒她們說：「房間不是很寬敞，也不是很舒適，不過還是可以容納你們幾位。」最後，她簡單地總結說：「我可以奉獻自己所有的一切，不過無法提供自己所沒有的。」這一方面是為了表達房間簡陋的歉意，另一方面也是很滿足自己所能做的事。加里肋亞的婦女們高興地，並且有些得意地向她說，她們是同加里肋亞的先知來到聖城。對她們而言，這似乎是一個光榮的保證。

讓人不安的敵對感

提爾匝在這個時候，平安地入睡了。不過，客人們卻沒有。

「蘇撒納，你還醒著嗎？」雅各伯的母親瑪利亞輕聲地問。

「是啊，我一直清醒著。」蘇撒納回答。

「我也還睡不著。」載伯德兒子的母親說。

這些婦女從加里肋亞出發時，根本沒有想到會遇到這樣的狀況。耶穌死了，他的門徒們，包括載伯德的兩個兒子不知去向，因此他們的母親十分憂心。在耶穌死之前，他們便已不見踪影。在這樣的一個大城市中，充滿了反對耶穌的聲浪，令她們感到相當不安。其實，沒有人騷擾她們或是逼迫她們，但她們仍然放心不下。這常常是鄉下婦女來到城市會有的感受，但加里肋亞先知不在了，更加深了她們內心的徬徨。雅各伯的母親瑪利亞說：

「也不全都是反對耶穌的人，你看！哈巴耳接待了我們。晚上，她們回來時他見到我們還難過地表示：他對發生在加里肋亞先知身上的事，感到遺憾與痛苦。他說道：『我不懂，怎麼會發生這事。』我想這是他發自內心的話，在我心裡是多麼地安慰，他沒有在先知之前加上「假」，這種羞辱人的話，昨天我已經聽了好多次。」

「對啊！昨天，幾乎整座城都在高喊反對耶穌。」蘇撒納說。

「我們應該趕快回到加里肋亞。在這裡，我們什麼也不能做。」撒羅默接著說。雅各伯的母親瑪利亞提醒並建議說：

「最好是過了安息日再動身，這樣一來，我們幫耶穌傅油之後，再帶著自己的行李離開，就比較不會引起別人的注意。」載伯德兒子的母親說：

「你以為還有人在乎我們，管我們做什麼嗎？」

「沒有。可是如果我們一起走而別人認出我們的話，會有一些不必要的麻煩。我不想再有人來提醒我這幾天所發生的事。可能已經有很多人見到我們仰望十字架上的耶穌。」

「其他人也都在看。」

「可是，任何人都可以從我們臉上的表情和眼神，看出我們不只是因為好奇，或是剛好經過而已。」

「當然不！我們不是剛好經過。我不斷地擦拭自己的眼睛，懷疑自己所見到的『真相』是真的嗎？」

「之前，他已經告誡我們好幾次……上耶路撒冷會……在那裡……」她難過地無法繼續說下去。

「但是，沒有人懂。我們不懂，跟隨他的人也不懂，沒有人知道會發生這事……」

婦女們至今仍不懂，怎麼能、怎麼會發生在一個只為別人服務、做好事的人身上。她們不斷地想起他所行的奇蹟，這一切與十字架上的苦難形成強烈的對比：他治癒病人，卻被遺棄在十字架上；他治好跛子，卻被釘在十字架上不能動彈；他潔淨癩病人，卻死於血泊與塵土之中……

這些回憶使她們的言談陷入沉默之中，久久不能成眠。

* * * *

比拉多的太太波庫拉發現躺在床上的比拉多再度翻身，她心想：「這個人今晚是怎麼搞的！」然後，自己轉身入睡。

* * * *

雇撒的太太約安納為她自己和耶穌的母親瑪利亞找到一個更好的房子，當然這要付相當高的價錢。她跟隨耶穌、資助耶穌已經很長一段時間了。她常常喜歡想到這點，因為其他跟隨耶穌的男人連一塊錢也沒有，而她是個有錢人，她先生是黑落德最信任的人，可以說是他的財政部長，也是宮殿的負責人。

雇撒雖然不反對太太的行為，但是，他自己一點也不相信耶穌，也不能想像這個人有什麼特別之處，雖然有人說他能行奇蹟，但假如他能，他行奇蹟的地方離這裡還相當遠。雇撒很慷慨地給予妻子這些方面的花費，主要是為了兩個好處，一方面，他

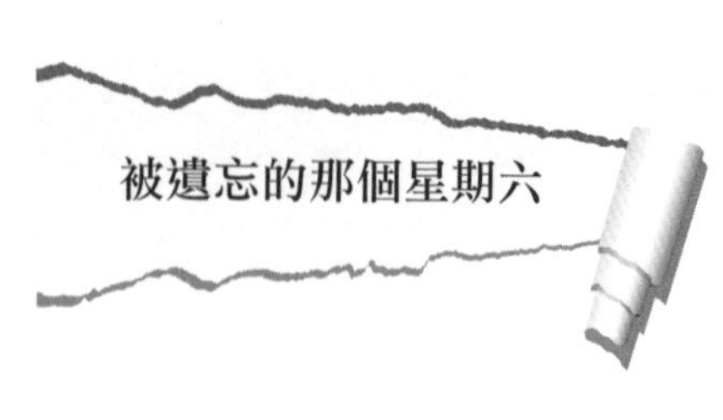

自己因此可以獲得更多的自由來過自己的日子，因為太太常常不在家，他就更能參加黑落德所舉行的宴會，以及宴會後會發生的事；另一方面，他偶爾能獲得關於「老師」最直接並且絕對可靠的第一手消息。黑落德相當讚許這個方法，這樣他們就能完全掌握那位被人稱為「老師」或是「先知」還是「顯奇蹟者」⋯等等的消息（每當他提到這些名號時，總是略略帶著一些輕蔑的語氣）。而且，這樣就不會引起人們的懷疑，也不用派人打聽消息——派去的這些人雖然偽裝成鄉下人，可是卻很容易讓人一眼就看穿他們的偽裝，因而引起百姓的反感，讓人對黑落德國王更加憎恨。

好女人

約安納真是個好女人，她雖然嫁給雇撒，有了較高的地位，但她卻不因此而傲慢，也許是因為她本來就不追求名利。她當然知道，自己時常不在雇撒身邊，讓他相當「自由」。她是個好商量的太太，但她卻不傻。師傅教導她「寬恕」，因此她寬恕雇撒，甚至希望，有一天先生能意識到自己過著什麼樣的日子，進而改變自己的生活，因為天主一定不喜悅他這樣的生活。最令約安納難過的是：當她滿心喜悅，想與雇撒分享，自己剛從老師那裡所聽到的道理時，卻失敗了。她認真嘗試過，但是他對「貧窮的人⋯溫良的人是有福的⋯」一點也不感興趣。他心裡想的是：「哪有這回事」。

昨天的事，讓約安納相當悲傷。一大早，當她一知道耶穌被逮捕後，立刻一個地方跑過一個地方地到處打聽。慢慢地，她了解事情的經過：公議會定了耶穌死罪。她不難過自己不能在會議中，因為她也不能在那裡為耶穌做什麼。當耶穌被交給羅馬總督比拉多時，她想：「假如有人想起耶穌是加里肋亞人，然後將他交給黑落德王處置，那麼⋯」，她抱著這麼一絲絲希望，然後一轉念，又嘆了口氣。比拉多也正是這麼想，所以將耶穌交給黑落德。

約安納想，天主似乎聽到她的聲音，因此，她趕緊跑到黑落德當時所在的宮殿。她好不容易到達了，本來黑落德的僕人都認識她，但現今在耶路撒冷門口的守衛卻不認識她，不讓她進去宮殿，也不相信她是雇撒的太太。守衛壓根想不到，這位穿著簡樸的鄉下女人，會是雇撒的太太。約安納不斷請求、拜託，也一直留意，看看是否有認識她的人會經過門口，但是始終沒有。她開始感到失望，她深知流逝的每一分鐘是多麼的寶貴，她要快點，盡快勸說雇撒，然後讓他說服國王，趁還有時間、還有機會的時候。但，她被擋在門外，眼看時間一分一秒的過去，卻什麼也不能做。終於，宮殿中的酒司經過，他認得約安納，酒司向守衛說話，她才得以進入。約安納走近黑落德審理耶穌的房間，看到雇撒也在裡面，但她卻深感悲痛，因為看到雇撒與黑落德和其他的人一樣鄙視耶穌，取笑耶穌。有人開始模仿起耶穌講話的樣子，和他曾說過的

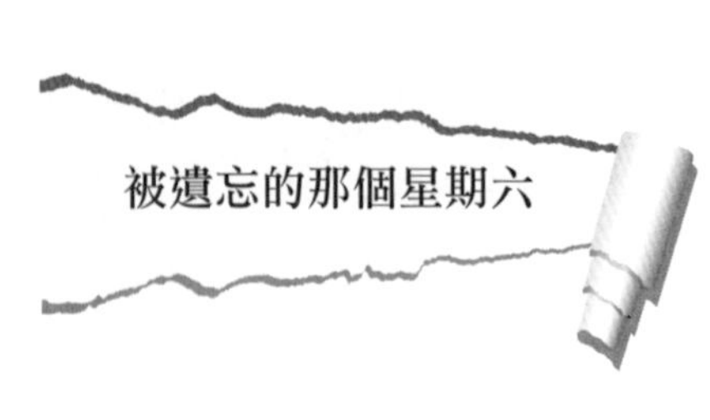

道理，更有人挑了一個他們所聽過、有關耶穌的奇蹟來仿效，使在場的人哄堂大笑。然後，有人開始要求耶穌現在行奇蹟給他們看。

約安納想辦法接近她先生，但雇撒一看到她，馬上打手勢要她離開，約安納卻堅持不走，直至雇撒粗暴地把她拉出去，說：「我早跟你說過很多次了，不要來這裡找我。」約安納只好在大家的笑鬧聲中，哭著離開。她開始打從心底怨恨雇撒。她離開後，房間中的耶穌被當成笑話一樣穿上白衣，她感到自己內心的仇恨逐漸散去，老師雖然沒朝她看，但她確信他看見她了，她感受到老師在那個房間裡，如同此刻在她心裡一樣真實。

直到深夜，她都陪伴著瑪利亞——耶穌的母親，在孤單、悲傷當中，她們始終相對無言。她知道，她所能做的就是陪她，在身邊陪她，聽她嘆息，看她落淚。最後，她終於忍不住開口勸說：「我想，你應該稍微躺一下，瑪利亞，也許你睡不著，但至少可以休息一會。」瑪利亞回答：「好，你說得對。我會的，謝謝你的陪伴。」她的聲音顯露出她是出自於體貼的順服，而非真的覺得自己需要休息。

* * * *

天亮了，整個城市開始有了色彩，不再只有月影下模糊的輪廓。瑪利亞瑪達肋納心想：「該是回家的時候了。」

* * * * *

猶達斯整夜未眠❸。一整晚，他努力地不去思考，不去回憶，只是不停把玩著手中的銀幣，將銀幣從綠色的絨布袋裡，拿進拿出。這一袋銀幣是猶達斯一位當司祭的朋友烏黎雅交給他的。猶達斯為發生在耶穌身上的事找烏黎雅算帳時，他竟交給他這袋銀幣，當時他氣壞了，差點將手中的銀幣往他的臉上扔去。他沒有要出賣耶穌（順帶一提，真要賣的話，耶穌的價值遠高於此），他只是願意做公議會和耶穌的中間人，看看是否兩者有合作的可能。當他拿到錢袋時，發現自己受騙了，被利用了。原來公議會並不打算和耶穌交涉，而是要直接定他的罪，這是猶達斯不知道的。他早就消除耶穌是默西亞的疑慮，他不相信耶穌是默西亞，但是，他想重建民族和人民的自由，耶穌是個很有用的合作者，如果他和法利塞人之間的誤會能稍微解釋一下，衝突應該很容易可以化解的。

建國計劃走調

他開始把銀幣全倒在桌面上，堆成三角形。一個接著一個，每邊五個銀

❸ 假如讀者不解猶達斯怎麼在此時現身，請見筆者的序言說明。

幣連成一線，形成三角形的一邊。最後，他手上還有兩個硬幣，是為了形成三角形的最後一個角。他是這麼安排的，擁有權力者：「聖殿」——司祭長，以及「土地」——長老的代表，都是撒杜塞人，擺放上這兩條線後，形成了三角形的第一個角；接著，法利塞人因為他們對法律的熱忱，獲得人民的支持，形成了三角形的第二角的頂點；最後，耶穌則是形成三角形的最後一角的頂點。「這點的兩個硬幣就是耶穌和他的代表——猶達斯依斯加略人西滿的兒子猶達斯…來賓請掌聲鼓勵…謝謝！謝謝！！！」…假如司祭長能實際擁有他們的權力，長老們也能反對羅馬人沉重的稅制，那麼第一個角不久就能實現。

猶達斯還沒有擺上最後一角的頂點，就用手把銀幣推散了，因為公議會一點也不了解，他們不懂這黃金三角的完美組合，因此自己的計劃失敗了。他的雙眼好像冒火似的望著這不成形的三角形，他們沒有看重耶穌可以提供的貢獻，而自己居然被利用了。難道他們不知道耶穌能行奇蹟，有能力在一些困難的狀況中發揮他的效果？「這些頂點的高位者真是白痴，他們一點都不明白。」他話一說完，就用力把硬幣打散，硬幣因此從桌子上，滾、滾、滾的到地上。猶達斯失望地把他的頭靠在桌子上，睡著了。

＊＊＊＊＊

十二門徒現在只剩十一個人在一起，因為猶達斯離開了。昨天，他們一個一個的，分別回到與耶穌一起吃逾越節晚餐的屋子。這家主人因為認識他們，所以讓他們留在那裡。主人還是很敬重耶穌，他也知道這些客人都是好人，沒有人能指控他們犯了法。這一晚，他們十一個人各自在晚餐廳，為自己找到休息的角落，有的坐在地上，有的倚著牆邊，有的靠著桌腳，有的則是索性躺在地上，直至黎明，他們仍處於時而入睡、時而清醒的狀態。

* * * * *

尼苛德摩是另一個早起的人，他點著油燈，翻看著經書，他特別留意耶穌最近所說過的經文。他在公議會上，聽到耶穌引用達尼爾先知關於人子來臨的話；耶穌又在十字架上唸出聖詠廿二篇的詩歌❹，他實在無法將二者做一個連繫，同一個人怎麼能在幾個小時之內，將這二段話引用在自己身上。

---

❹《瑪竇福音》、《馬爾谷福音》都記載了耶穌在十字架上說：「我的天主，我的天主，你為什麼捨棄了我？」這句話出自《舊約聖經．聖詠》廿二篇

越來越多的困惑

另外，當比拉多在審理耶穌時，西滿伯多祿去找他，希望他能為耶穌做點什麼事，因為尼苛德摩是個令人尊重的老師，也是公議會的一員，也許他能說服司祭長再多看看、再多想想。可憐的伯多祿！他多麼想捉住任何可能的小小機會。尼苛德摩想起這單純的漁夫，以及他那單純的思想，嘴角不禁輕揚，然後又搖搖頭。伯多祿向他說了他們與耶穌一起吃逾越節晚餐的事，以及他們在走往橄欖園的路上，耶穌說過的話：「我要打擊牧人，羊群就要四散❺。」

這經文若與前二個耶穌引用的章節分開來看的話，那麼「牧人」和「人子來臨」可以想得通；而「受打擊的」與「十字架上耶穌的話」也能理解，但是，這兩者有何相關呢？對，沒錯，牧者被打擊，於是羊群四散。於是，耶穌提到：「你為什麼捨棄了我。」可是，他怎麼又會乘著雲彩從天上降下呢？油燈的油逐漸減少，燈光開始變弱，但窗外透進的光線則是越來越明亮了。想不明白的他，用手托著重重的頭，坐了一會後就站了起來，洗把臉後，往門外走出去了。

---

❺ 參閱《匝加利亞先知書（撒伽利亞書）》十三章7節。

耶穌的屍體靜穆的躺在墳墓裡的石板上，已無氣息。潔白的殮布包裹著傷痕累累的身體，汗巾覆蓋著臉龐，安詳的面容，彷彿不曾經歷那場椎心刺骨的苦難。眾人在前一天傍晚便已匆匆離去，獨留耶穌……

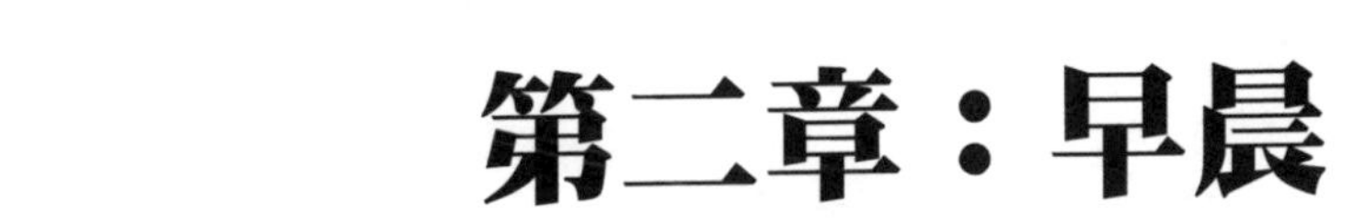

第二章：早晨

耶穌的屍體靜穆的躺在墳墓裡的石板上，已無氣息。潔白的殮布包裹著傷痕累累的身體，汗巾覆蓋著臉龐，安詳的面容，彷彿不曾經歷那場椎心刺骨的苦難。眾人在前一天傍晚便已匆匆離去，獨留耶穌……

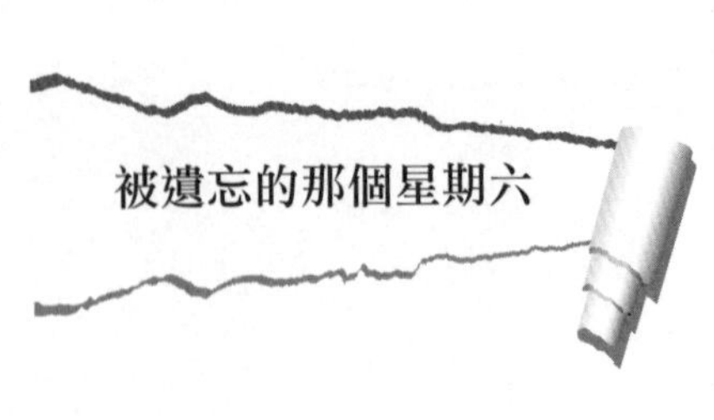

被遺忘的那個星期六

太陽從橄欖山頭冉冉升起，斜照進總督官邸。比拉多猛然拉高自己的右腳，從床上驚醒過來。比拉多的太太波庫拉早已起身，她關心地問道：

「怎麼了？看你一整夜好像睡得很不安穩，尤其是在我剛醒來的清晨。」

「我做了一些很奇怪的夢。」比拉多回答。

「你也是嗎？我還以為只有我會做夢呢！」波庫拉語帶諷刺，不以為然地回應著。

「好！好！好！你看，顯然不是你想這樣！我也會做！」比拉多無奈地說。他坐在床上，由於個頭不高，雙腿懸空在地面上，他停頓了一下，然後就繼續說：

「你知道我夢到什麼嗎？我好像要過一條河。我不知道那是哪條河，河水不深，大約到腰這麼高。不過，麻煩的是，河裏有很多鱷魚，牠們似乎是睡著的。」

「你怎麼知道是鱷魚？你又沒去過埃及。」

「反正，我就是知道那是鱷魚，你現在先不要打岔……我試圖慢慢地走過去，盡量不要發出任何聲響，以免引起牠們的注意。但是，水流越來越強大，使我一直無法到達岸邊。」

「對噢！我就在想，怎麼你明明在睡覺，卻一副在走路的樣子。」

「然後，有一隻鱷魚醒了，牠開始划向我，我趕緊加快速度，終於走到了岸邊。問題是，當我上岸時，卻發現土壤相當鬆軟，我的腳深深地陷入土裏，我必須靠雙手很用力地拉起自己的腳，這一用力，我就醒了。」

夢到底說了什麼？

「這夢，會不會和昨天被你釘在十字架上的納匝肋人有關？」

「難不成他是鱷魚？」比拉多開玩笑地說。

「不！鱷魚比較像是司祭。無論如何，我們已經連續做了兩天的夢…」

「好啦！」比拉多簡短地結束了對話。他揉一揉眼睛，甩了甩頭，然後雙手拍了兩下，叫僕人前來服侍。

波庫拉接著問：「你這麼早就要起來了嗎？」

僕人帶著一壺水、洗臉盆和毛巾上前來，並將水倒進水盆裏。比拉多伸手從水盆中盛起水來，往自己的臉上潑了潑。沁涼的水，使他完全清醒過來。比拉多一邊拿起毛巾擦拭臉頰，一邊向太太說：「我要出去一趟。」

然後，就吩咐僕人們準備他外出的服裝：長衣，外套和便於行走的涼鞋，以及一些水果，他要先吃些東西再出門。

「這個時候，你要出去嗎？」妻子有些擔憂地問。

「對，我認為現在這個時機正好，反正我已經醒來了…」

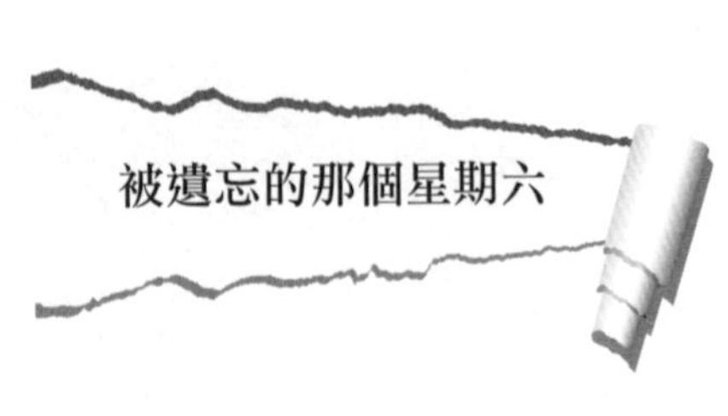

「但是，今天不會有危險嗎？」❶

「當然我也不敢保證，不過如果我了解的沒錯，那麼今天會是最安全的一天，因為這個民族是最痛恨我的人，同時也是最遵守法律的人，而按照法律，他們應當在安息日這天休息，或是在聖殿裏朝拜他們的神。」

僕人開始為比拉多著衣，波庫拉懷疑地搖了搖頭：「你如何能確信這點，你至少要帶些人保護你吧！」

「當然！我已經跟你說了。我的確不完全了解這個民族，而且我也不是個輕易相信他人的人。」沒等話說完，比拉多已匆匆下樓了。

＊　＊　＊　＊　＊

瑪利亞接受了約安納的建議，幾乎是入睡了，但臉上依稀可見兩行抹不去的淚痕。約安納滿懷憐憫地望著她，心想：「唉！昨天，這位可憐的母親必然是痛徹心扉。」之後，她決定擺脫紛亂攪擾的思緒，也讓自己稍作休息。

＊　＊　＊　＊　＊

天才剛亮，蓋法已經醒了。他梳理好自己之後，走出臥房。他的太

❶ 參閱瑪廿七19：比拉多正坐堂時，他的妻子差人到他跟前說：「你千萬不要干涉那義人的事，因為我為他，今天在夢中受了許多苦。」

第二章：早晨

太已在外頭等候他，他吩咐僕人去準備除了舉行禮儀的神聖服飾之外最好的衣服。前夜，他當眾撕裂自己的衣服，產生了很好的效果，而且也成功地達到目的了，但是現在卻出現了一些問題……

「你要出去嗎？」太太問。

「對，我要去聖殿。早上有祭獻。」

「今天不是你值班啊？」

「我知道……」蓋法輕蔑地笑了笑，接著又說：

「我親愛的監護人，只有妳最明白如何維護大司祭至高而純潔的本質……」

「你常常拿話諷刺我！我怎麼能忍受你這麼久…」

「我要去聖殿是因為，發生了昨天的事之後，我最好能出現在聖殿，好讓眾人明白一切如常。」

「如果一切如常，那麼你何必去呢？」

「你不懂啦！」他回答她，並且心想：「你這個女人懂些什麼……更何況你是你父親的女兒……」他大聲說道：

「你我都知道，沒有什麼問題，一切都很正常。可是，應該向大家證明。往年的這個時候，大司祭不出席是沒人會注意到的。但是，今年有些人會認為這樣是異常的，因為他們已經聽到關於聖殿布幔的事…」

僕人來到後，他們就停了下來。當僕人遞上他的長衣和繡上金邊的外衣時，他提醒說：

「別忘了拿我的經匣。」然後轉身對妻子說：

「讓法利塞人高興！高興！」他臨走前，太太說：

「父親要你去見他，在你去聖殿之前。」

「哦！原來這就是你今天等候我的理由。」蓋法心想，然後說：

「好，知道了。」於是，他往亞納斯的宮殿走去，心想：

「這個老傢伙，又想幹嘛！」。

*　*　*　*

在陽光的照射下，聖殿的屋頂金光閃閃。為了參加盛大的安息日禮儀，有些早起的人已經走在街上，希望能早點到聖殿找到一個好位置。早晨的斜陽使路上的行人都拖著長長的影子，濕漉漉的地上可以清晰的看見倒影。蓋法透過窗戶，看到大街上行走的人，也趕緊加快了自己的步伐。

*　*　*　*

蓋法進到屋內，以輕鬆的態度以及幾乎是真誠的聲音，向他那還躺在床上的岳父亞納斯問安：

「Shalom（按，希伯來語，即「平安」），父親。」

「Shalom，坐吧！」亞納斯指著床邊的小凳子，以命令的口吻問：

「你要去聖殿嗎？」

「是的，為了表示一切如常，我認為我今天應該出現在聖殿。」

「發生了什麼事嗎？」亞納斯輕蔑地說。

「沒什麼。只不過，昨天午後下了一場驚人的暴雨，之後又有地震，雖然不是很強烈，但大家都感受到了。而這一切，剛好都發生在那個納匝肋人死亡時。我是擔心，有一些人會做過多的聯想。」

亞納斯點點頭，臉上依然帶著充滿輕蔑的笑容。蓋法繼續說：

「關於帳幔的事，已經有人知道了，大概是因為有些司祭太多話。所以，直到日落後，我們更新帳幔之前，應當要避免這事再被擴大傳揚。假如這些臆測繼續不斷地發展，那麼所有的矛頭將指向我們……」

「我看你倒是愈來愈謹慎了，懂得小心的處理這個問題，很精巧地避免我們與法利塞人撕破臉，那決裂本來會是很危險的。上週，你在公議會上給眾人的忠告，適當地展現了自己的權威，又能實行我們原定的計劃。你真是聰明，竟然有辦法找到天真的猶達斯，利用他，然後再用一些銀錢打發他，免得他找我們麻煩……」

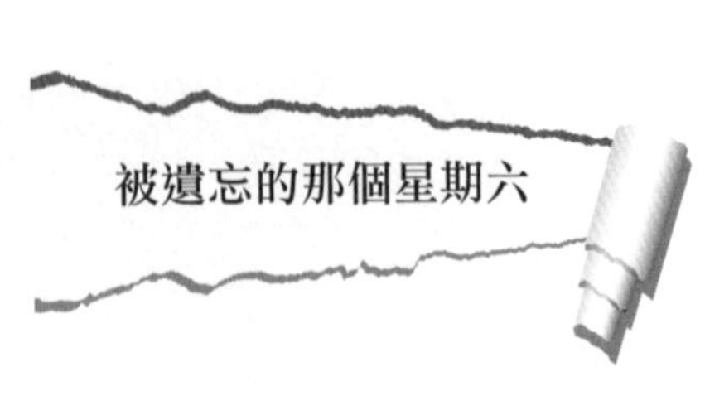

受到讚美的蓋法感到非常高興，因為他已經許久沒聽到岳父對自己的肯定，可惜，亞納斯接著說：

「當然，這一切也是因為有我的智慧與適當的指導。」

頓時，蓋法心中的喜悅蕩然無存，一再被貶抑的羞辱與惱恨讓他情緒有些激動，不過，他仍設法讓自己不要垮下臉來。

「我不打算去聖殿。我這把歲數和身體的狀況就是最好的理由，而且每個人都知道，我對這些禮儀已經相當熟悉。更何況，我現在的身份是個退休的大司祭，沒有任何正式的職務，也沒有有效的『權力』……」亞納斯特別強調最後二個字。就接著說：

「還有另外一件事，在你離開之前要跟你說。」原本起身準備離開的蓋法，又坐了下來。

預言復活是個陰謀？

「你應該知道，昨天耶穌被慎重地埋葬了。」

「是的，阿黎瑪特雅人若瑟動作比我們快……」

「他葬在大家都知道的墳墓裏，這有好處，也有壞處。」亞納斯若有所思地說

第二章：早晨

著，但蓋法似乎不太明白岳父的意思。

「好處是我們知道他在哪裡，這樣一來我們可以留意各種狀況。壞處是其他人也知道他在哪裡，那麼什麼事都可能發生。」

蓋法真的不明白，他完全無法跟上岳父的思想。

「你應該聽過那個納匝肋人曾說過，自己將在第三天復活……」

「你不會真的相信吧？」

「我們是撒杜塞人，我當然不會相信這個。我知道他不會復活，不論是今天、明天還是末日。但是，這個預報潛藏著危機。」

「可是，他是不可能從墳墓離開的。我向你保證，他死了，我們大家都能為這事做證。而且，比拉多是個不輕易相信別人的人，所以，他把屍體交給若瑟前，一定是百分之百確認他死了。」

「我不擔心誰能出來，我擔心的是誰能進去，」蓋法睜大了眼，亞納斯繼續說：「他的門徒能拿走他的屍體，然後向民眾宣告：『他已經復活！』」

「可是，誰會相信呢？」

「既然先前已有了預報，那麼就不可避免的會引起一些效果。所以，我們也應當留意這個可能性。也許，必要的話，我們要讓群眾見到他的屍體。既然目前為止，你都這麼謹慎行事。最好別在最後的關鍵時刻疏忽了。」

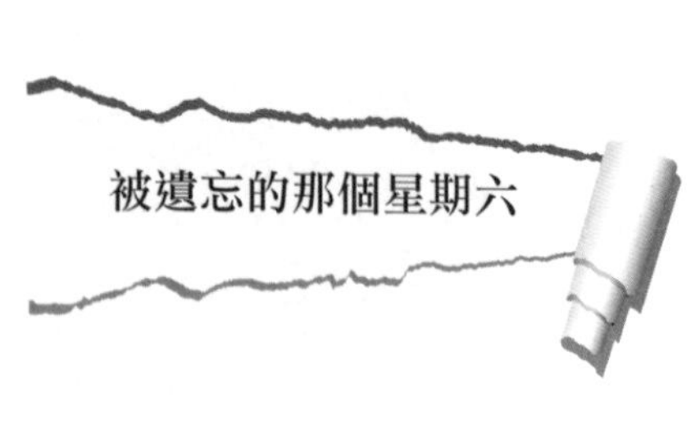

「但他的門徒們能做什麼？當他還活著的時候，他們連一根手指頭也沒為他動過；也沒有一個人出現在總督府或是十字架下。」

「是，沒錯！但是，你不要忘了，加里肋亞人都是些死腦筋的，有時候簡直和驢沒兩樣。」

「他們很不爽自己的家鄉竟然從沒有出過一個先知。」

「這倒是真的！」

「您知道他們在哪裏嗎？」蓋法得要承認自己不知道。

「既然我們無法預料他們會有什麼行動，那麼最好我們能完全掌控墳墓的狀況。」

「你有什麼建議？」

「趕快聯絡總督，請他派人看守墳墓。」

「難道我們不能用守衛聖殿的人？」

「親愛的蓋法！總督和我們之間有一個不成文的默契，我們能擁有聖殿的守衛者，但是他們不能離開聖殿之外。假如我們要派遣守衛聖殿的人，就必須經過他的同意，最好是他白紙黑字寫下來的許可證明，以免我們受到他屬下的阻撓。」

「我明白了。」

「還有，現在我們所關注的屍體是經總督的同意，安放在一個公議會會員所提供的墳墓裏。所以，某一方面來說，他也在總督的保護下。」

「所以，我們必須和總督談談。」

「我不認為有其他的辦法。你知道，一般羅馬人的習慣是將被處決的屍體，丟棄在滿是野狗或其他野獸的田野之中。不過，這個規矩因我們的身份，可以稍做通融，條件是下葬時必須簡單，不能盛大。如果我猜的沒錯，我們可愛的阿黎瑪特雅人若瑟，就是依據這不成文的規定埋葬了那個人。」

「好。禮儀結束後，我會向眾司祭說明。我得走了，時間不早了。」

離開岳父的屋子時，蓋法的心情與剛進門時迥然不同，他憂悶地想著：

「這個納匝肋人為什麼連死了都還這麼麻煩！」

＊ ＊ ＊ ＊ ＊

真法利塞人❷正走向聖殿。他從來就不會錯過逾越節中安息日的隆重奉獻。正因為是安息日，所以得要小心數算可走的步伐。他仔細的計算自己已經走了幾步路：二百三十七步。就在此時，他突然發現地面有個水窪，面積幾乎橫跨了整條街道。他連續重複了三次「二百三十七」，以免自己忘了這個數字。然後，開始思索自己該怎麼做：水窪實在太寬了，從這家到那家，也不能跳，因為**真法利塞人**不知道安息日是否可以

❷ 由於這個人完完全全活出法利塞人的典型，因此稱他為「真法利塞人」。

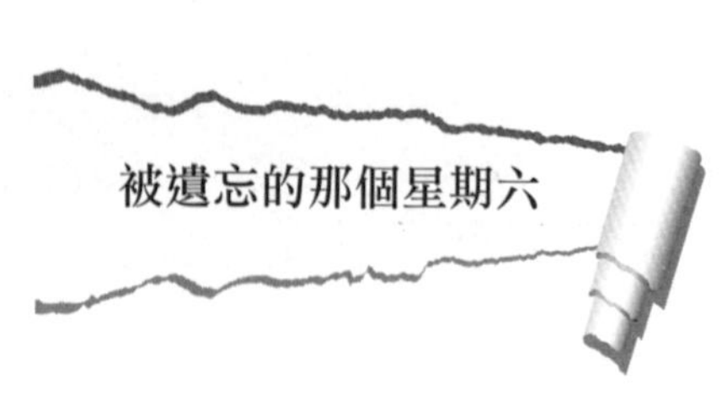

跳躍。他想：「跳不是走路，跳也不是奉獻給天主的行動。」他再次默念：「二百三十七」。最後只好順著房子，繞過街，走另外一條平行的路到聖殿。為此，他得多走至少四十或五十步。都怪這個羅馬總督，他只管輸水管以及其他醒目的東西，好能向羅馬上級報告，卻一點也不在乎街道的路況，他總是騎馬匆匆而過。**真法利塞人**開始邁開步伐：二百三十八……

二百五十六，他在拐角處，碰到了比拉多。比拉多就在街上，他從馬座上下來，身邊有一個百夫長、十位羅馬士兵以及十位輔助兵。**真法利塞人**站在一旁，低頭看著地上，一方面是為了記住步數，另一方面是為了不和總督打照面。他不打算問候總督，以免自己忘了數字。比拉多和保護他的人通過之後，他繼續邊走邊算：「二百五十七……」**真法利塞人**往聖殿走去。

* * * * *

比拉多悠哉地走在耶路撒冷的街上，享受著早晨清新的空氣與四周的寧靜，他正想從站在地面上的角度，來看看附近的房子，好好認識這個城市。一直以來，他都是騎著馬在城市中來來往往，他的馬很少是慢慢地走在街道上，有時候是快走，但大部分都是奔馳而過。街道的樣貌如何，他一點也不感興趣，他只想趕快到達目的地。所以此時此刻對比拉多而言，是一個全新的體驗，他難得能踩在用大石鋪成，而帶有些

第二章：早晨

沙土的地面上。空氣中，沒有什麼塵土，因為昨天的暴雨使土壤相當潮濕。他們走得很慢，至少這一次，他不必再趕著要去哪裡。他只是單純地漫步在街上，他的羅馬士兵、輔助兵們在他前後不遠的地方，在不妨礙總督欣賞風景的距離間，保護著他。

比拉多經過**真法利塞人**身旁時，也不曾多加留意，好像他只是房子旁的裝飾品而已。有時他會大聲地下令「眾人不准動」，好讓他可以更好的欣賞風景或是觀看房子，特別是有特別裝潢的房子。士兵們不時地留意總督左右，以及附近窗戶或是屋頂的狀況，以免有人從上方丟石頭襲擊總督。但，週遭其實根本沒什麼人。

比拉多發現鳥兒在天空盤旋；一些屋子的前院種了玫瑰樹，樹上已長滿花蕾，彷彿可以聞到春天的氣息。他已經好久沒有享受鳥語花香的滋味，多麼清新的空氣，多麼明亮的一天！昨日的暴雨洗淨了大地，今早的清晨就像初生的嬰兒，充滿了生命力。不過，他不太滿意地面上的坑坑洞洞，這突顯出人為的疏失。直至現在，他才發現這件事，他想：「我真不知道公議會到底是怎麼運用我們撥發給他們、用來管理自己行政事務的款項。」

路上的行人似乎都正往聖殿方向走著，比拉多發現，雖然有不少男性，但婦女顯然更多。他們一見到他，立刻退到一邊，他們的臉上露出既尊敬又害怕的神情。每一個人都感到十分驚訝，他們從來就沒有見過總督這樣走在街上。

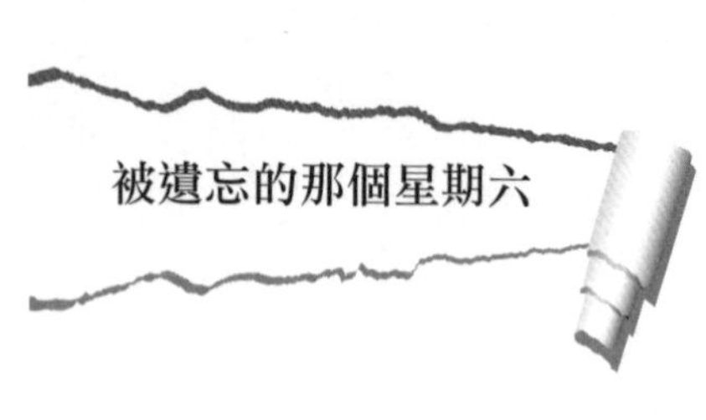

害怕、失望還是憎惡？

瑪利亞瑪達肋納是其中一位，她離開墳墓後，在前往聖殿的途中遇見了比拉多。瑪利亞眼神中流露的失望，更甚於驚訝或是憤怒。她心想：「前一天，假如這個人是個真正的男子漢，老師現在應該還活著，因為他明知道老師是無辜的，也曾多次公開表現出他的懷疑和猶豫不決，可是，他卻不敢違反群眾的意願。」瑪達肋納並沒有瞧不起他，但她臉上清楚地展露了對比拉多的失望，她覺得老師不會喜歡這樣的態度。比拉多沒有停下來，也沒有多加思索她表情下的心緒，不過，他的確發現她不同於其他人。

比拉多在聖殿附近的街頭遇到了蓋法：

「Shalom（平安），鈞座」蓋法立即輕微地躬身說。

「Salve（你好）…」比拉多一開口，馬上又更正自己：

「Shalom，大司祭。你這麼早就到聖殿嗎？」

「是的，總督。每個人都有義務…」

比拉多伸出手來，打斷了他的話，又以會心的微笑來表示自己明瞭，他接著說：

「對，義務是複雜的，有時也令人不便…不管怎樣Sabbath tob！（祝您安息日好）」比拉多學了幾句經典的希伯來文，為了在類似這樣的場合上，可以用得體的方式來告別。他不打算在街上和大司祭討論任何事情，其實，也沒什麼好討論的。雖然，他感覺到大司祭的舉止、神情，有些欲言又止，好像要說些什麼，又或者是在考慮要不要說出口。最後他決定，繼續往前走，比拉多也繼續自己的行程。

* * * * *

街上，繼續不斷地有人潮湧入聖殿，有的是獨自一人，有的是攜家帶眷。尼苛德摩一個人，邊走邊沉浸在自己的思緒裏，他沒有遇過總督，他不期盼，也不關心這個。幾位位高權重的司祭，穿著精心製作的典雅長袍，滿臉愁容的走在街上。太陽冉冉上升，他們身後的影子隨著步伐的前進愈拖愈短。

* * * * *

蓋法到達聖殿後，立即走向聖所，仔細檢查帳幔是否有異狀。果然，真的是由上而下一分為二的裂開來。可以看得出來有人以非常粗糙的方法，試著將帳幔縫合，卻反而使裂縫更加明顯。於是，他找到本日輪班的司祭，大聲斥責道：

「難道，你們不知道我們有一些備用的布幔可以用嗎？為的就是以備不時之需，就像昨天的狀況。」司祭們沉默不語。

蓋法又再追問：「你們為什麼不換新的，為什麼只在布幔上縫了幾個大針，這樣既不好看又沒作用。」

他們無奈的解釋著：「我們來不及通知大司祭，而安息日又快到了，我們只好先稍微縫個幾針，希望它能撐到安息日日落之後。」

蓋法還是很不高興，繼續來回踱步地咆哮著。不過，他也發現司祭們的想法確實有些道理，自己不能再反駁什麼。但是，為了展現自己的權威，他還是開口：

「昨天值班的司祭班長不知道這事嗎？」

「知道。」

「那他為什麼沒有好好指示你們應該怎麼做。這些人真是的，完全不知道要權衡輕重與隨機應變。」他搖了搖頭，表示十分煩惱：

「這件事要非常小心處理，應當奉獻乳香，或是改變陳設，進入聖所要特別小心，而且千萬不可望向至聖所。最重要的是，入內時，要比以往更加小心謹慎，別讓外面的人看到裏面。」

接著，他又補充：「對！我們現在就去倉庫，選一塊布幔。在日落後，你們立刻換上。知道嗎？這是大司祭的命令。」

＊＊＊＊

赤身露體逃走的少年到聖殿時，他的朋友們紛紛向前詢問：

「終於見到你了。昨天一整天你是去哪裡啊？」

「你沒看到，昨天大街上好熱鬧啊！好多人啊！」

「你都不知道，昨天大司祭和幾個權位較高的司祭們不斷穿梭在群眾中，要求人們定加里肋亞先知的罪。」

「你已經錯過這座城市最精彩的時刻。我想你錯過這次，下次不知道要等到什麼時候……連總督都出現了呢！」朋友們停了下來，想看看少年有什麼反應。沒想到少年說：

「就是因為這一場好戲的序幕，讓我昨天不能和你們在一起。」大家又驚訝又好奇地看著少年。他接著說：

「當天晚上，你們還在床上睡覺時，我就已經知道會發生什麼事……」少年得意洋洋地說。終於，他可以在朋友面前炫耀一番。他昨天在家就一直排練這個情景，要如何向朋友說明，朋友會多麼震撼與驚訝。現在，終於可以看到他們的表情。而且，他決定吊吊他們的胃口，好讓他多滿足一下自己不常有的優越感。他繼續說他的故事：

「當我躺在床上睡覺時，忽然聽到外面傳來很大的聲響，還有人們交談的聲音，我被吵醒之後，打開窗戶想一探究竟，卻什麼也看不到，他們似乎是從另一條街道走了。但是，當他們經過十字路口時，我可以看到他們手上拿著一些火把，以及一些在

火光照耀下閃閃發亮的武器。所以，我馬上抓起床單披在身上，打算跟去看看發生了什麼事。」這時聖殿的號角吹起，提醒人們祭獻馬上就要開始了，朋友們往前走了幾步，準備過去聖殿，但又停下腳步，以期盼的眼神鼓勵少年繼續他的故事。

「有些人站在自己的屋外，跟我一樣好奇地觀看發生的事。我問了他們，知不知道發生了什麼事。他們告訴我說：『他們好像已經捉住納匝肋人先知。』一聽到這個，我更感興趣了，因為他們口中的納匝肋人先知就是在我家、同他的門徒們一起慶祝逾越節晚餐的人。他沒有同我們家人一起慶祝，不過，我父親為他們安排了一個房間。所以，我決定遠遠地跟著他們，看看到底發生什麼事。我一直跟他們走了好長一段路，直到突然⋯⋯」他停頓一下，為了有更好的效果。（他昨天一直排練，思考故事怎樣安排才會更動聽，話要怎麼說，何時該停頓，要帶著什麼的語氣⋯⋯等）。他講得很生動，因此，雖然此時傳來聖殿肋未人的歌聲，朋友們卻不加理會。❸

「突然，有一個人轉過身來，看到我。他走向我，對我說：『你在看什麼？這關你什麼事？』我因為害怕，一動也不動地站著。所以，他捉住了我，然後說：『讓我們看看你是誰啊？』黑夜之中，我實在是太害怕了，想也不想就撇下床單，光著身子逃走了。那個人也沒追我。他又老又胖，手中

---

❸ 參閱谷十四51～52

拿著從我身上扯下來的床單，一直哈哈大笑，因此我才能逃回家裏。」他再一次停了下來，改變語氣繼續說道：

「我一進家門，父親已經在門口等我。顯然，他去過了我的房間，知道我不在家的事。不過，他看到我上身赤裸就怒氣全消了，他問：『你去哪裏啊？你是這個模樣離開家的嗎？』我回答：『我原本是包著床單離開的。』我父親一時之間不知該笑還是該生氣，就說：『嗯！我現在並沒有看到床單。』我告訴他：『我被抓住了，不得不撇下床單逃走。』父親又問『誰捉住了你？』我必須承認，我不知道。然後我說：『他們捉住了納匝肋人耶穌，那個你借給他們慶祝逾越節房間的人。』父親開始有點著急，立刻叫我：『你現在趕快上床睡覺。今天一整天，你哪裏都別去，好好給我待在家裡，就算穿戴整齊也不准出去。』現在，你們知道我為什麼不能來了吧！」

「好吧！我們快去聖殿吧！現在，可能在宰殺第三隻羔羊了。」一位朋友說。

「不會啦！搞不好都還沒開始呢。」另一位說。然後，大家就一起向前走，進到外邦人的庭院。

＊＊＊＊＊

門徒們已經都醒來了，他們沒想到要去聖殿。每個人都在思考自己該做些什麼？經過昨天的事之後，今早的曙光並未帶來任何希望，沒有人有確切的想法或行動，彷彿這一切都還在夢中。有一個人站了起來，從窗戶的縫隙往外看，他擔心還有人在搜索他們的行蹤，他在房間裡面來回踱步，然後又坐了下來。大家面面相覷，坐立難安，他們還不明白自己未來將要做的事。

* * * * *

猶達斯將自己的情緒發洩在銀幣上，將它們撒落在桌面，然後，又仔細地把它們一枚一枚放進絨布袋中。他決定到床上躺下，看看自己能否睡著。他已經整整兩夜無法入眠。經過幾翻輾轉……他睡著了。

* * * * *

聖殿的禮儀按照常規隆重地進行著，蓋法高坐在祭壇的右側，並注意所有儀式是否合乎法律，特別是合乎肋未紀典❹裏記載的法律，儘管他們現在是生活在城市，而不在曠野中，也不住帳棚裏。肋未人吹起號角，預報每一隻羔羊的祭獻，陽光照在樂器上，更顯示出和諧的聲光效果。隨著禮儀的進行，肋未人唱著應景的聖詠，歌聲悠揚，縈繞整座城市。

在以色列庭院中，可以看到**真法利塞人**佇立在人群裏，他安靜地站

---

❹ 梅瑟五書（摩西五書）中的第三部書名，梅瑟藉此書訓示以民祭祀之法。本書所論皆為關於司祭和祭祀的法律。

著，非常虔誠地參加禮儀，不過，這並不影響他對週遭的注意，他看到他的法利塞朋友們也到了，他們偷偷地以眼神彼此打暗號，相約之後的聚會。離他們不遠處，是尼苛德摩——他也是一位法利塞人，他正深陷在自己的思緒中無法自拔。這是他第一次感到自己與禮儀之間有距離，好像四周所發生的事與他沒有任何關係。不過，他仍不斷地努力，試著讓自己集中精神來朝拜天主。

司祭們繼續在天主面前奉獻羔羊。他們在祭壇北邊的角落宰殺羔羊，並用羔羊的血塗抹祭壇，然後在祭壇上焚燒祭品。這儀式需要一段時間，期間，地位比司祭低的肋末人必須持續為祭壇提供焚燒用的木材。

瑪達肋納也在女人的中庭裡參加慶祝活動，雖然這些對她來講已逐漸失去意義。她的腦海中反覆不斷地浮現前一天所經歷的景象，從一開始不明確的消息，直到人們大喊大叫的聲音帶她來到安東尼堡壘外。有一群人……她認為他們是極少數，但他們卻大聲喊叫。司祭們穿梭在人群中慫恿、鼓動。她四處張望，尋求熟悉的面孔，希望可以藉此互相依靠，來對抗人群的高喊聲，但是她只看見陌生的臉龐。當比拉多詢問群眾要他釋放誰時，她微小的聲音起不了什麼作用。雖然，她以整個的生命與精神在嘶喊，卻於事無補，當她見到耶穌頭上的荊棘茨冠，以及他身上數不清的鞭痕，她撕心扯肺的喊叫著，直到聲嘶力竭。這圖像烙印在她的腦海裏，使她再也看不到羔羊和祭壇，只有淌血的耶穌以及他安詳的面容。她實在不明白為什麼門徒們都不見蹤

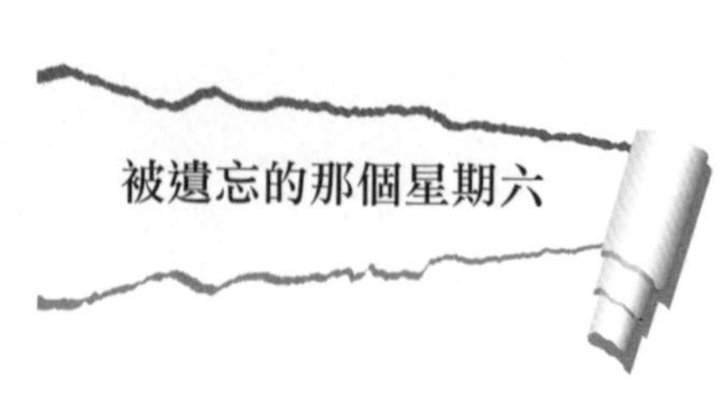

影，包括那些從加里肋亞與他一同前來耶路撒冷的人……

另一隻羔羊祭獻的煙冉冉上升，將全民的祈禱送達天主面前，這是天主悅納的芳香。號角再一次地響起……詠唱的肋未人，繼續唱著詩篇讚美天主，因為祂照顧祂的子民，打擊敵人。眾人虔誠地祈求天主的保守以及幫助農作物的收成……

因為人很多，**赤身露體逃走的少年**和他的朋友們，只能停留在外邦人的庭院，而不能進到以色列人的庭院。這一天，庭院中，沒有買賣牛隻或羊群，而那些兌換錢幣的商人，也被安排在不太明顯的角落，或許，他們無意中聽從了前幾天那位將他們驅逐的先知所說的話。❺

人雖多，但是這些少年既年輕，個子又高，因此，可以遠遠地從前方人群的頭顱縫隙，稍微窺見祭壇上發生的事，從而得到些安慰，回到家，也能講出一些細節概況，來表示自己出席了聖殿的禮儀。

* * * * *

跟隨耶穌到耶路撒冷的婦女們，也沒有到聖殿。她們一早就起來了，可是不希望自己太早在路上走動，以免發生意外。她們一直在談論埋葬耶穌的過程。她們從遠處看到，認為過程似乎太過簡單。她們想：「如果那時我們

❺ 參閱瑪廿一12～13；谷十15～17；路十九45～48

不能為耶穌做什麼，那麼至少應該給他一個更合適、更體面的葬禮。」起初，她們很感謝阿黎瑪特雅人若瑟埋葬了耶穌，而不是任由它暴露在充滿野獸的曠野，如同她們所知道的羅馬人的一貫作風。她們很高興有人能運用他的影響力避免這樣的不堪。但是，這樣的安葬似乎還是不太夠……。她們構想、規劃著應有的埋葬方式。

* * * * *

尼苛德摩繼續設法使自己擺脫紛亂的思緒。他高興地參與禮儀，欣賞著完全符合法律命令的儀式，感動著天主所揀選的子民都前來朝拜祂，而不像外邦人一樣敬拜偶像。不過，為什麼自己從前一天開始，內心卻感到不安？一位司祭領著第六隻羔羊向前走去。尼苛德摩的目光，自然隨著禮儀的動作而移動，司祭走向羔羊，領著羔羊到天主面前，將牠宰殺：一點也不費力，沒有任何抵抗，一次又一次地重覆。

沉默的羔羊

這時，他想起一段經文，並突然有了領悟：他受虐待，仍然謙遜忍受，總不開口，如同被牽去待宰的羔羊；又像母羊在剪毛的人前不出聲，他也同樣不開口：好像有一道光突然閃進他的思想，他的心充滿著痛苦的喜樂。他自小誦讀、熟悉的經

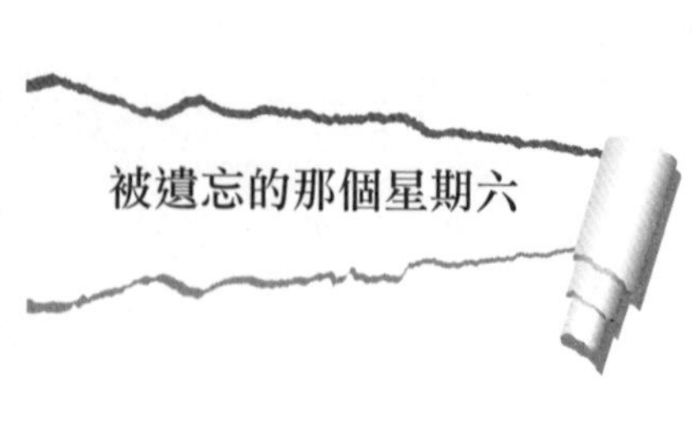

文：請看，我的僕人必要成功，必要受尊榮，必要被舉揚，且極受崇奉。就如許多人對他不勝驚愕，因為他的容貌損傷得已不像人，他的形狀已不像人子…他沒有俊美，也沒有華麗，可使我們瞻仰；他沒有儀容，可使我們戀慕。

他好像跟著耶穌走在前往加爾瓦略山的路上，他遠遠地跟在後頭，看到人群自動與耶穌分開來，有的神情冷漠，有的取笑、諷刺他，一如經文中所提到的。這時，尼苛德摩開始了解，為什麼耶穌那天晚上要向他的門徒說到：「我要打擊牧人，羊群就要四散。」因為他就是羔羊，也是牧人。他受了不義的審判而被除掉…

尼苛德摩參加了公議會審判耶穌的過程，他知道昨天上午那可笑的審判。一切早已決定，根本沒有所謂的公義，總督在大司祭的壓力下，經過一番權力的拉扯，得以保留羅馬的榮譽！雖然他從未行過強暴，他口中也從未出過謊言，人們仍把他與歹徒同埋，使他同作惡的人同葬…尼苛德摩想起有人告訴他安葬耶穌的過程，他為自己沒能盡點心力感到十分遺憾。這時，他眼眶中的淚水模糊了視線，再也看不清楚那隻溫順地走向宰殺台的羔羊。

被耶穌找回的羊

他不再管羔羊，無論是先前的或是以後將被宰殺的數千羔羊，那些羔羊不再有什麼價值。他所背負的，是我們的疾苦；擔負的，是我們的疼痛……他從前一天開始所體驗到的心痛，此時越來越強烈，並更為具體、深刻，彷彿能感同身受：我們的過犯、我們的重罪啊——那些參與納匝肋人耶穌死亡的人，而今卻又能平安地參與現在的盛大禮儀慶典……當然的，還有自己的罪……。我們都像羊一樣迷了路，各走各自的路；但上主卻把我們眾人的罪過歸到他身上。可是他被刺透，是因了我們的悖逆；他被打傷，是因了我們的罪惡；因他受了懲罰，我們便得了安全；因他受了創傷，我們便得了痊癒：他的痛苦轉化為感謝，眼淚中帶著喜樂。羊群分散了，但卻被治癒了。我正義的僕人要使多人成義，因為他承擔了他們的罪過。尼苛德摩感到自己被釋放了，成為健康的、潔淨的、堅強的，他無法再更清楚地表達自己所有的體驗，他繼續背誦並深感安慰：為此，我把大眾賜與他作報酬，他獲得了無數的人做為獵物；因為他為了承擔大眾的罪過，做罪犯的中保，犧牲了自己的性命，至於死亡，被列於罪犯之中。尼苛德摩只能舉目向天，以旁人幾乎可以聽到的聲音，問：「上天，什麼時候？什麼時候他要獲得無數的人做為獵物？」

＊＊＊＊

禮儀結束後，瑪達肋納離開了聖殿，來到約安納和耶穌的母親瑪利亞暫住的地方。房東太太說，她們應該還在休息，因為她們幾乎整晚都醒著。瑪達肋納不願叫醒

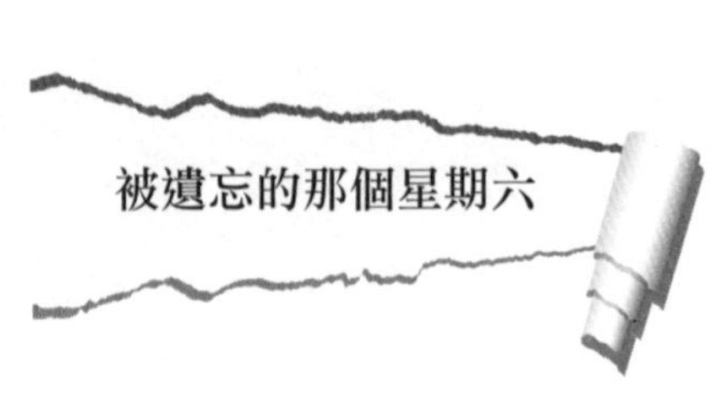

她們，她決定等待。並且，她自己也可以稍作休息，畢竟從昨天白天、當天夜晚，到今早參與聖殿禮儀的感動，這一天下來她也已經疲累不堪了。

她不明白為什麼，但是每當她眼光注視著獻到祭台上的羔羊，就好像見到耶穌，尤其是看到牠的眼光，那麼的柔順，沒有一絲憤怒，也沒有任何抵抗。當然，耶穌的目光更為生動、更為豐富；羔羊不知道將要發生什麼事，而耶穌知道。她在十字架下，清楚看見他那充滿生命和欣然接受的目光，而且，她敢肯定，直至現在這目光仍沒有消失，耶穌的眼睛一直注視著，雖然已經看不到了…她的雙眼漸漸闔上，疲倦地趴在桌子上休息。

* * * * *

當禮儀一結束，蓋法很快地離開座位，試圖趕上其他幾位司祭長，邀請他們至聖殿右側的房間聚會。前來的，還有聖殿的守衛以及當天值班的司祭，他們陸續坐了下來。另外，蓋法也呼喚依市瑪耳——昨天值班的司祭班長。他一到房間，立刻向蓋法鞠躬問安，因為害怕蓋法的責備，馬上緊張地請求發言：

「若瑟蓋法，鈞座」他用顫抖的聲音解釋，說：「昨天，一切發生的太突然……」

蓋法打斷他的話：「我們在這裡不是為了要討論過去的事，而是要處理將來該做些什麼。」

「我們已經安排了，也做了一些必要措施。」

「忘了你胡亂縫上的帳幔！」蓋法很不耐煩地說。依市瑪耳終於意識到原來要談的事與自己無關。

阻止耶穌「復活」

「我親愛的岳父亞納斯」他語帶諷刺，並注視厄肋阿匝爾、他的舅子說：「他注意到一切，」其他人發出小小的咯咯聲，笑了起來，中斷了他的話。

「他告訴我說，我們應該要看守昨天被釘在十字架上的納匝肋人。」

有些在場的人，聽到被處以死刑的人竟被安葬在墳墓裏，立即露出驚訝之情，因為他們知道羅馬人的慣例。於是，蓋法簡單地向他們說明阿黎瑪特雅人若瑟的介入。

「好像，那個耶穌生前，曾預言自己死後第三天要復活。」

這時，大家不再是竊笑，而是狂笑不止：「我們早聽說過，但是誰會將這放在心上呢！」

「當然，我們撒杜塞人不以為意。」

「但是，我可愛的朋友，城裡有很多人不是撒杜塞人啊！」蓋法提醒著大家。

「別忘了！法利塞人，他們相信末日復活。」

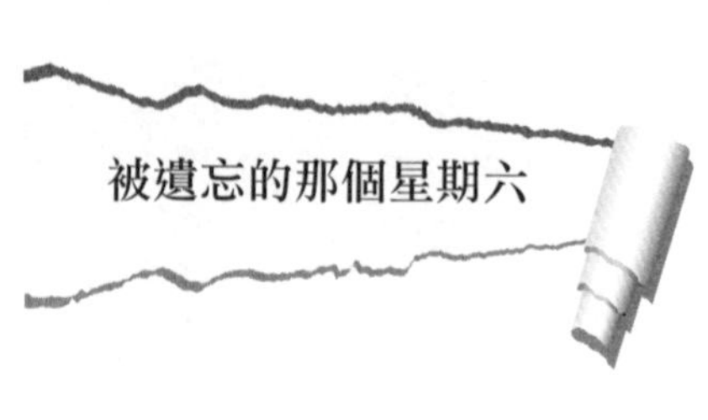

「好吧！那麼我們更可以平安地等待，末日還遠著呢！」

「可是，第三天，就不遠了。這就是問題所在。」

「哦，那又怎樣？反正，他不會復活。不管是第三天，還是在末日。」

「亞納斯認為，很有可能他的朋友、門徒、同鄉或是任何人，想藉此機會竊取他的身體，然後說他已經復活了。」

「那得拿出證據，證明復活。」

「會相信復活的人，那麼也很容易會相信復活者會在某個地方，例如：天上……所以，對我們來說比較簡單的是：證明屍體還在。這就是亞納斯的想法。」

「哦，這聽起來很有道理。那麼，我們應該怎樣做。」

「派一些衛兵看守墳墓。」

「那快點派人去不就好了。」

「但是，這應該得到總督的許可。別忘了，只有他可以在全國各地，調派持有武器的士兵。」一提到總督，大家就都靜默下來。他們原以為可以有好一段時間，可以不用再和總督打交道。最後，蓋法提出建議：

「在我們之中選幾個代表，同我一起去向總督說明，並要求他同意我們派遣聖殿的守衛來做這個工作。為了所有可能發生的時間點，大概需要看守三到四天。並且，也要求總督提供幾名士兵，以示我們客觀、中立的態度。最好還要有一些司祭，包括

第二章：早晨

昨天值班的司祭班長以及其他幾位也應該要在場。依市瑪耳，這就是我叫你來的原因，而不是為了和你探討關於帳幔的事情。」

這個建議，馬上得到大家的支持。因此，蓋法、厄肋阿匝爾和其他三位著名的司祭立刻準備出發到總督府，為了要在用餐前處理好此事。與此同時，又選定六位不需任職的守衛聖殿的人，好在取得總督的許可後，能立即動身。當然，依市瑪耳和其他三位任職的司祭也要在墳墓附近守候。這樣，比拉多的士兵、聖殿的守衛以及司祭們就能彼此監視對方，以防止任何「意外」。

耶穌的屍體靜穆的躺在墳墓裡的石板上，已無氣息。潔白的殮布包裹著傷痕累累的身體，汗巾覆蓋著臉龐，安詳的面容，彷彿不曾經歷那場椎心刺骨的苦難。眾人在前一天傍晚便已匆匆離去，獨留耶穌……

第三章：上午

耶穌的屍體靜穆的躺在墳墓裡的石板上，已無氣息。潔白的殮布包裹著傷痕累累的身體，汗巾覆蓋著臉龐，安詳的面容，彷彿不曾經歷那場椎心刺骨的苦難。眾人在前一天傍晚便已匆匆離去，獨留耶穌……

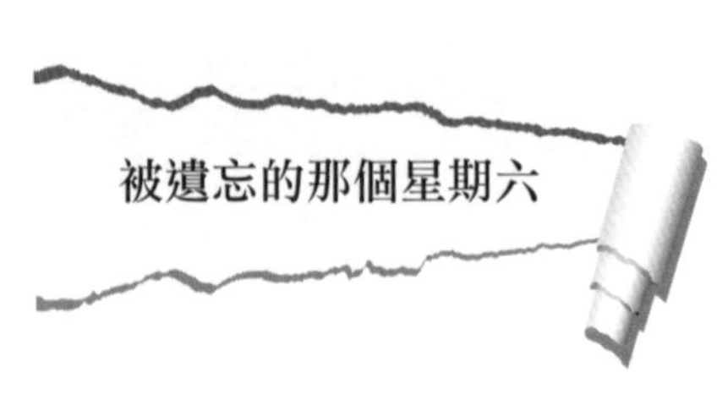

厄里匝番、納巴耳、彼耳達得和耶孚乃一夥人離開聖殿之後，聚集在出口，一道走路回家。雖然他們的職業各不相同，但因彼此居住在附近而相識。厄里匝番和彼耳達得來自加里肋亞附近的小村莊，彼此早已相識多年。耶孚乃是個木匠，住在猶大，有一天，他到彼耳達得家中整修大門，但彼耳達得沒有錢支付，就以一塊上等的肉做為工價，自此，耶孚乃就常去光顧他的店，並介紹納巴耳給兩人認識。納巴耳是做皮革的，他和彼耳達得兩人經常一起做生意。

沒有人知道彼耳達得怎麼會認識了某位司祭，他們彼此成為生意上的好夥伴。通常只有全燔祭時需要焚燒全部的祭品，至於有些祭獻，例如：感恩祭、和平祭，大部份的祭品會留給獻祭者，這時，彼耳達得就有生意可以做了。因為沒有哪一位獻祭者願意背著四分之三的死羊回到家鄉，更別說死牛了。這時司祭就會將彼耳達介紹給獻祭者，他可以用比較低廉的價格買進肉品，因為獻祭者不得不賣掉，然後他會給司祭一些仲介費，同時，也向司祭購買牲畜的皮，因為按禮儀上的規定，牲畜的皮歸給司祭做為獻儀。之後，彼耳達得再以友情價，轉賣牲畜的皮給納巴耳。納巴耳可以藉此做出錢袋、裝酒的皮囊，以及田中工作所需的皮帶。厄里匝番是個鐵匠，搭配納巴耳的皮帶，就可以做出鐵環、鐵扣、鐵鍊等等。

厄里匝番總是愛開彼耳達得的玩笑，當他們聚在一起，他就說：

「這幾天，你一定有很多生意可做……今早，我們就看到有七隻羔羊、一頭牛犢和一隻公山羊。」

「這些都是司祭負責的，沒我的分，我只能接到個人奉獻的小生意。」

「可是，這幾天一定會有更多的個人祭獻。」納巴耳抱著一絲希望說道。

彼耳達得承認的確是如此，這幾天將有更多的祭獻，也會有更多人來買肉品供給朝聖者：

「但是，一年只有一個星期如此。」

「哦！是嗎？我看不止一個星期⋯⋯」厄里匝番說：「帳棚節那一週，應該也還不錯。」

「還有五旬節，那時，有很多朝聖者也來了⋯⋯」耶孚乃回想著過往節慶的熱鬧景況。

「對！可是，難道我一整年就只靠這三個星期過生活⋯⋯⋯」彼耳達得忍不住抱怨起來。

第一次不靈，第二次才靈

聽到他哀嘆的語氣，大家都笑了，納巴耳決定轉移他們的話題：

「關於你們的同鄉，那個昨天被釘在十字架上的加里肋亞先知，你們認為他到底

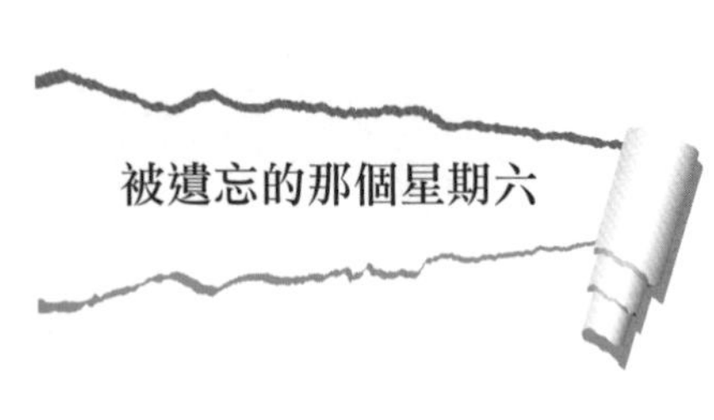

是不是一個先知？」

「據我所知，他是。」厄里匝番一本正經的解釋著：「我家鄉的表妹與她的家人，一起來耶路撒冷過逾越節。昨天的事發生以前，她就曾告訴我，那個先知行過一些奇蹟。她在葛法翁認識的一個癱子，被那個先知治癒了。這件事千真萬確，沒有一點造假。我的表妹非常肯定這點，因為先知不只治好了癱子的病，還徹底改變了他的生活。他原是個放高利貸的，但他康復之後，卻願意以最低利息借錢給人，甚至借給還不起錢或是沒有任何抵押品的人。我表妹說：『也許有人能治好癱子，但很少有人能治好愛賺高利的病……』」

「也許是因為他看到了狼的耳朵。」耶孚乃說。（按，這意思是說遇到危及生命的重大事件）

厄里匝番笑說：

「不要在彼耳達得面前提到狼，免得他垂涎三尺，因為意外死亡的羊隻為我們這位朋友來說可是筆好買賣。」

「哦，好。應該說他已經看到了陰間的大門。」耶孚乃修改了自己的說法。

彼耳達得顯然沒有厄里匝番那麼興奮，他想回到關於先知的話題說：

「我的家人也告訴我一些關於他施行奇蹟的消息，但是看來並不是每一次都很順利。在我的村莊——貝特賽達附近，有人帶了一個瞎子來請求他治療。第一次，他讓瞎子看到人如同樹木般在行走，經過第二次，才將瞎子完全治好，聽說是用唾沫、還是什麼東西治好病人的。」

「如果我經過第二次就能做出奇蹟，那我會非常高興。」厄里匝番似乎很滿意自己今天的幽默感。

耶孚乃聽到唾沫，突然想起他的弟弟也曾告訴他，先知好像也曾在耶路撒冷治好一個瞎子。差別是，在耶路撒冷，他是用唾沫加上一些泥巴，然後叫瞎子到史羅亞水池清洗眼睛。根據耶孚乃弟弟所說的，這個瞎子是生來就瞎了，在他康復之後，曾和法利塞人多次辯論，他卻一點也不動搖，完全相信那位治好他的先知。

「假如真是這樣，他現在不知道正在家裏的哪個角落哭泣。要小心，不要再變瞎就好了。」彼耳達得開玩笑的說。

「我不明白的是，為什麼昨天沒有出現奇蹟，好讓他自己不要被釘在十字架上。」納巴耳表達了自己的驚訝與不解。

「也許，他第一次的奇蹟沒有成功。所以，就沒有第二次的機會。」彼耳達得回答說。

他們走著走著，到了十字路口，就分道而行。每個人回到自己的家，準備享用逾越節慶的安息日午餐。

＊＊＊＊＊

為了安全起見，比拉多在聖殿的祭獻禮儀結束前便回到安東尼堡壘。他外出原本就只是想要呼吸新鮮空氣，然後悠哉地走在寬敞、人煙稀少的大街上，而不必走在群眾之中。除了安全上的考量外，也有一些職務上的關係，畢竟他在當地是全羅馬最高的當權者，他怎麼能夠與平民並肩走在路上，這似乎與他的地位不相稱，所以，他總是威風凜凜的騎在馬背上，這樣自然突顯了他與眾不同的身份地位。

太陽已經突破雲層，開始散發熱能，於是，他下令返回臨時提供做為總督府的地方。

＊＊＊＊＊

真法利塞人和他的朋友們——西滿和雅各伯，離開聖殿後，一同前往雅各伯的家，正如他們事先所約定的。由於**真法利塞人**身體虛弱，身材又瘦又矮，因此每一步都比別人短一點。有時，他還為此思考，自己是否能因此增加些步數？他推測也許別人的一百步，對他而言可以增加至一百三十步，這樣自己在安息日的時候，能走的步數就不會吃虧。可是，他還沒有找到一個值得信賴的拉比，能問他這個問題，他害怕自己一問出口，會遭到取笑。他不住在耶路撒冷，而是住在附近的城鎮貝特法革。

但是，每年的三個節日，他都會到耶路撒冷朝聖，只有一次例外。當時他在收割葡萄，不慎割傷了自己，失血過多，導致身子虛弱，因此錯過了帳篷節。他依然思索著步數的問題，然後說道：

「真高興，這幾天我暫住的地方距離你的家很近，這樣一來我就不用算回去的步數，因為四十步和五十步差別不大，而且我已經決定了，日落之前，不再外出。」朋友們感到不可思議地看著他。這個**真法利塞人**，人是不錯，可是有時因為過度的熱誠，說出來的話都怪怪的。

「什麼，你在說什麼步數？」

「就是在安息日可以走的步數。」

兩位朋友納悶地說：

「從沒有人跟我們解釋『可以走的步數』是什麼意思。」

真法利塞人從未想過，法律可能也需要一些解釋才能讓人明瞭。現在，換他困惑了。

「這個規定應該是為了規範人民在安息日時，可以距離聖殿的最長路程。」雅各伯解釋。**真法利塞人**一聽，在他瘦長的臉上，張大了雙眼，大得和他的臉都不相稱。

「根本無關乎走多少步。」西滿強調說。

「你這樣解釋是不是過於寬鬆了？」**真法利塞人**認為法律上的問題可是馬虎不得。

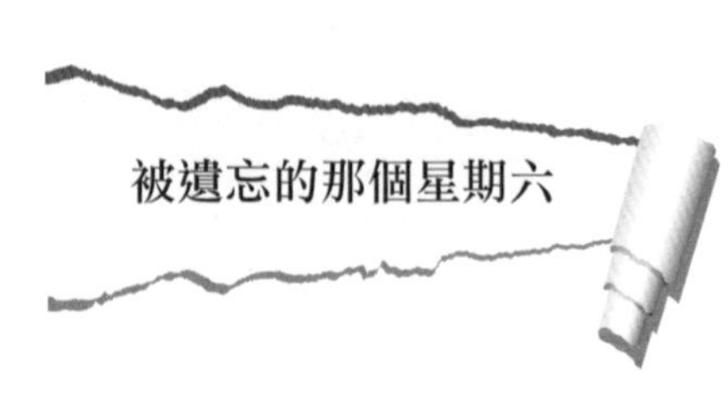

朋友們看他嚴肅的樣子不禁笑出聲來。西滿接著說：

「我以法利塞人的名譽作擔保！」然後換了個話題。

「我們來談談別的事……你有沒有聽說關於昨天被釘在十字架上的納匝肋人？」

真法利塞人只知道過節的前幾天，那位納匝肋人曾派他的兩個門徒到他的家鄉帶走一隻小驢，並騎著小驢進入耶路撒冷。西滿和雅各伯早已知道這個消息，幾乎全城的人都知道這件事。雖然這事沒什麼重要的，不過很多人都笑說：「騎驢子！如果不能像比拉多一樣騎馬，那麼至少應該要有阿貝沙隆的騾子」❶——因百姓的嘲笑，更使人想起匝加利亞先知曾提到，關於騎驢駒進耶路撒冷的話。❷

真法利塞人想為自己的話畫下句點，他說：

「可是，當晚驢子就回到主人身邊……」

西滿認為納匝肋人的死亡應歸因於司祭們，不過，他也知道自己難辭其咎，因此感到自責，因為他是法利塞人，而這個團體的人亦屬於公議會。本來，公議會的法利塞人應當並且也有能力多保護他。想到這事，他突然大聲說：

「無論如何……不應該將他交給比拉多！」

---

❶ 參閱《撒慕爾記下（撒母耳記下）》十八章9節

❷ 參閱《匝加利亞先知書（撒迦利亞書）》九章9節

雅各伯不太懂怎麼不一會兒工夫，就從進耶路撒冷的話題跳到了比拉多。不過，他很快地也加入話題，說：

「他好像也曾指責過法利塞人。」

西滿說：「我知道，關於這點我也不能原諒他。對他，我們的確有許多事能做，除了將他交給比拉多。」他幾乎是以喊叫的音量來結束這句話。

＊ ＊ ＊ ＊

當三位法利塞人快到家的時候，遇到大家所敬重的拉比尼苛德摩。這天，他走路的速度不同於以往，步伐與他的年齡和地位一點也不相稱。他低著頭，看著地上，口中還唸唸有詞。當他經過時，還約略可以聽到他喃喃自語著：「請看，我的僕人必要成功，必要受尊榮，必要被舉揚，且極受崇奉。就如許多人對他不勝驚愕，因為他的容貌損傷得已不像人，他的形狀已不像人子⋯⋯」他們和他相遇時，向他問安，他卻沒有回應，自顧自的說著：「他沒有俊美，也沒有華麗，可使我們瞻仰；他沒有儀容，可使我們戀慕。他受盡了侮辱，被人遺棄；他真是個苦人，熟悉病苦；他好像一個人們掩面不顧的人；他受盡侮辱，因而我們都以他不算什麼⋯⋯」與他擦身而過的三人都帶著驚訝進入屋內。

＊＊＊＊＊

陽光透過窗戶的縫隙，照進門徒們所在的房間裏。當然，他們的房間是上鎖的，但木板與木板之間並不是那麼緊密。因為無所事事，開始有人把目光轉向隨著光線載沉載浮的灰塵上。四周沒有風，灰塵輕輕緩緩地飄動著。這樣無目的的舉動可以轉移注意力，好讓自己別靜下來，去想到自己所不願意想起的記憶。然而，這個房間僅存的，就是過去這幾天的回憶，房裏所有的東西都充滿著回憶：桌子、椅子，甚至是被遺忘在角落的洗臉盆——有人用來收拾晚餐，然後遺忘了的洗臉盆。

少了一個

當門徒們的目光從空中的灰塵移開時，彼此面面相覷。瑪竇由於過去所從事的職業的關係，對數字特別敏感，他不斷地清點房裏的人數。他再算一次，說：

「十一！」唯一不同的是，現在這個數字被大聲地說出。

巴爾多祿茂激動地說：「當然是十一，不然，你想要有多少人？」

「十二個，我們一直以來都是十二個……我實在很不習慣。」

「那你應該趕快習慣，因為那傢伙❸不會回來了。」

「也不應該再回來，我一點也不想念他。」斐理伯說。

一瞬間，大家又陷入沉默，並發覺這幾乎是這二天以來，彼此最多話的一次。從前一天回到這個房間開始，大家一個一個的，好像約定好似的，彼此之間就沒有交談。突然，多默又開口問：

「猶達斯讓你們感到吃驚嗎？對我來說，我一點也不訝異。相反的，應該說從第一次見到他時，我就不喜歡這個人。在他還沒有成為我們十二人當中的一個，在我們還沒有被選成為十二個之前。」他苦笑著說：

「那個猶達斯一開始，就故意在我們當中走來走去，希望吸引耶穌的注意。」達陡點了點頭，表示認同，而巴爾多祿茂也表示自己注意到了這件事。

「是你疑心病太重了吧？」瑪竇說。

「喔！不知道誰才是當初那個坐在稅吏桌上，什麼也不相信的人。」多默反將瑪竇一軍，接著又說：

「這個猶達斯從一開始就有所求，我覺得他根本就是司祭派來臥底的。他的背叛不是只有現在，他現在是做了，但他早就預謀要這麼做。現今他所做的事，才是他的真面目，而過去的那些日子，他在我們當中的表現都是虛

❸ 猶達斯依斯加畧人

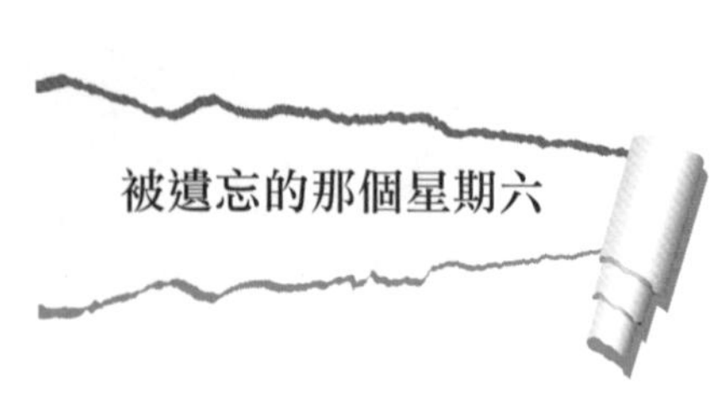

偽的。」

「難道，就只是為了三十個銀幣？」瑪竇提出反問來提醒大家。

阿耳斐的兒子雅各伯說：

「耶穌知道。晚餐時，他看著猶達斯的眼神很特別，他甚至很明顯地說過，但我們卻一點也沒意會到。我們以為還有時間，還有時間解決，還有時間跟他算帳。」

要原諒那個叛徒嗎？

「我不知道現在談論猶達斯還有什麼意思。」伯多祿語氣平靜而清楚的表達自己的看法：

「不要再說背叛、不背叛這樣的話，我們自己不也是和他一樣身陷泥沼嗎？我們應該要思考，假如他回來的話，我們要如何接納他？如果他願意悔改，打開房門來到我們中間，我們要如何寬恕他？」若望沒有讓他把話說完，就說：

「想都別想！」

他的兄弟雅各伯接著說：

「假如他敢出現在我面前，只要他一出現，我一定二話不說，馬上轉過他的身，從背後將他踢下樓，讓他從樓梯滾下去，直至大街上。」

一直沉默的安德肋開口說：

「好啊！來了兩位雷霆之子。❹」

伯多祿簡短地說：

「我只想說，我想，耶穌會希望我們……如我方才所說的去做。」

於是，眾人進入深沉的靜默。伯多祿祥和的話語觸動了大家的心，讓大家都進入了自己的思緒和情感之中。

* * * *

比拉多回到安東尼堡壘，立刻走到更衣間，打算清洗一下自己，然後再換上輕鬆的居家服。在走廊上，他遇到波庫拉，便告訴她，自己外出走走時，有了個想法：「你一定想像不到，我等會再告訴你。」他總是語帶玄機的，話只說一半，好引起太太的好奇心，期待他把話講完。

「等會兒，我先去清洗一下再告訴你。」說完就繼續往前走。

* * * *

赤身露體逃走的少年和朋友們直接回家。他的父親已經取消了對他的處罰，好讓他能參加隆重的逾越節禮儀；這也是為了緩解緊張氣氛，因為前一

---

❹ 參閱谷三17。

天，他一整天被關在家裏，這對他來說實在是太痛苦了，而父親也意識到了這點。

不過，對這個少年來說，直接回家並不代表很快回到家，他想盡方法延長和朋友之間的談話。朋友們還不太高興，他們進入聖殿前，他表現的好像比他們還了解，好似自己是個了不起的重要人物，好像自己參與了整個過程。因此，朋友們也想趁機還以顏色一下，所以，當他們一離開聖殿，有一個就說：「對，他的打扮和來自加里肋亞的窮人一模一樣。」

他們注意到**赤身露體逃走的少年**臉上露出一抹了然的微笑，就發現自己剛剛犯了一個很大的錯誤，於是試圖轉移話題，回想自己到底是在哪見過她。

「我想，應該是在十字架下，站得比較遠的其中一位婦女。」

赤身露體逃走的少年說：「你們不要表現得一副什麼人都認識一樣，好不好？你們剛剛說的那個女人，我認識，因為，她是我的鄰居。她一輩子都住在耶路撒冷，我的意思是說，從我出生到現在，她都住在耶路撒冷。」他一面說，一面走進小巷，但他的朋友卻沒有同他走進去的意思。原來，他要避免經過安東尼堡壘前的小廣場，因為那裏就是前一天發生事情的地方。

「你應該看一看，昨天這裏不知道有多少人？」依泰提出建議。

「是啊！整個廣場都擠滿了人，充斥著喊叫聲，司祭到處提醒人們什麼時候該說些什麼話。」雅依爾不想落人之後，也跟著附和。

「你們該不會是要告訴我，連亞納斯和蓋法也到處在群眾間遊走吧？」**赤身露體逃走的少年**開玩笑說。

「蓋法沒有，因為他要忙著說服總督；亞納斯就更不用說了，他都那麼老了。可是，他的兒子厄肋阿匝爾就相當積極。」依泰一一解釋著。

「還有一些法利塞人，也在煽動群眾。」基默罕補充說。

漆巴反駁道：「他們是經師。那些在群眾中要求將納匝肋人耶穌定罪的，都是經師，因為耶穌解釋的法律和他們不一樣。」

「你很了解喔！看得出來，你們家都是法利塞人。」基默罕語氣中略帶挑釁意味。

「對，我們是法利塞人，你有意見嗎？」漆巴也沒好氣的加以回應。

「沒有，沒有。」基默罕趕緊撇清。

赤身露體逃走的少年很高興的站在一旁，聽著朋友之間的辯論，因為這樣就分散了朋友們對自己的注意力。他趁這個機會跟朋友們說，父親要他直接回家，而且時間已經相當晚了。所以，他向朋友們告別，往家的方向走去，而他的父親早在門口等著了。他說：「我想，你連吃午飯也趕不上了！趕快進來。」

赤身露體逃走的少年不會笨到去問父親，耶穌的門徒是否仍然在家裡，因為這會讓他的父親想起他赤身露體逃走的那晚……雖然他心裏好奇極了。

* * * * *

巴辣巴已不在耶路撒冷了。當他被釋放後，立刻逃往猶大曠野的山洞，面向死海那裏的猶大山區。大約在黃昏時，他抵達了那個地方。根據他以往的經驗，若是晚上才到的話，必然要在路旁過夜，因為在黑暗之中，同伴們無法分辨自己是敵是友；在黑暗中，自己可能也來不及解釋自己的身份，於是，他等到第二天早晨，才去找自己的同伴。

這天早晨，他沒有計算自己的步伐，因為他採用瑪加伯的看法來理解法律❺：當一個人面臨生命危險時，可以不遵守安息日的規範。熱忱者見到他，非常驚訝。剛開始，大家不太敢相信他居然能夠回來，所以，半信半疑的彼此交換了一下眼神，擔心在他身後會有一整營的羅馬士兵。於是他們繼續躲藏在洞穴深處，等到過了一段滿長的時間，確信沒有人跟隨在後，才放心地靠近他，聽他說起自己的故事。

「你說你已被判處死刑，但是羅馬總督卻因為逾越節慶，所以沒有把你釘在十字架上，反而釋放了你？」同伴們既驚訝又好奇的問著。

「他原先想釋放的人不是我，而是另一位被告，因著某種原因，羅馬總督不想給他判刑。」巴辣巴自己也還摸不著頭緒。

---

❺ 參閱《瑪加伯書上》二章41節。

他不是和我們同一掛的

「這人是誰？」長時間與世界隔離的他們，對來自外界的消息充滿了好奇。

「就是某個被大司祭們提告，說他褻瀆和反對我們法律的納匝肋人耶穌。你們可以想像得到，這點對總督而言，他一點也不在乎。所以，他原本想要釋放他，不過，他也不願意因此與司祭們發生衝突。於是，他使用一個伎倆，就是讓人民從我們倆個人中，自由的選出一個釋放，而司祭們則到處說服人民釋放我。你們有沒有人知道這個耶穌是誰啊？我在監獄裡好一段時間了，外面發生什麼事，我一點都不知道。那天，比拉多向人民介紹他是猶太人的君王，但我從來沒有聽說過他的名字。」

「我們聽過他的名字，但我們也不認識他。來自加里肋亞的朋友說：『原本以為他能幫助我們推動熱忱運動，但他卻令人失望，因為他曾說，如果羅馬士兵按羅馬法律，強迫你幫他背負東西走一千步，你就同他走兩千步❻。』一聽到這話，我們就離開了，這不是我們要的。」

「雖然他四處宣講天主的國臨近了，而且，他會行奇蹟。」

「兩天前抵達的基德紅告訴我們，他進入耶路撒冷時的奇怪舉動，他騎

❻ 瑪五41的某一種解釋。

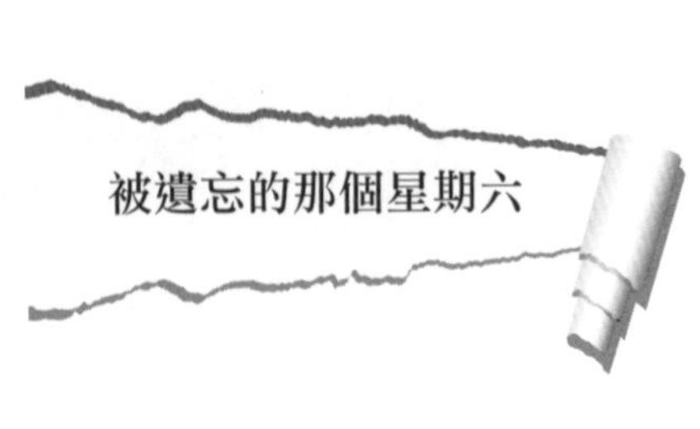

著某種動物，彷彿象徵著自己是誰。」

「拜託——他騎著驢子。你告訴我，騎著驢子能去哪呢？再遠也不能到哪！」

「有些人歡呼雀躍，一些與他同行的加里肋亞人，但人數不超過五十或一百。」

「告訴你，駐紮在城裏的羅馬兵對此舉動，一點動作也沒有，連寫報告都省了。」

「唯一不太高興的，就是法利塞人。」

「之後，他進入聖殿，趕走商人。我們不難想像，這會讓司祭長很不高興。他們與商人們早有協議，允許他們在庭院販售動物（當然是潔淨的動物），為了給人獻祭。也允許兌換貨幣的人在聖殿活動，讓人可以將外幣換成可以奉獻給聖殿的錢。當然，他們能從中獲取一些利益，所以，怎麼能容忍有人損害他們的利益，並且挑戰他們的權威。」

「這很清楚的，不難了解為什麼司祭們想除掉他。」

「哦，在這個時候，如果比拉多沒有更好的技倆，他應該是一命嗚呼了。」

「好吧！又是一次令人失望的結局。事情越來越清楚了，如果我們再不解決這個問題，也沒有人會做的。」

* * * * *

比拉多仔細的梳洗後，穿上他最常穿的長袍和簡單的涼鞋，做了舒適的打扮後，就去找他的妻子，然後邀請她到私人的房間談話，而不是辦公的地方。比拉多一派輕鬆的坐在沙發上，突然開口宣佈：

「今晚，我想請黑落德和他的妻子一起吃個飯。」

「我以為你和他相處得不是很和睦。」妻子的回答較多是出於不解而非反對。她也很清楚知道，就算她提出反對意見，也沒什麼作用。

「他的確是個令人討厭的傻子，可是我們應該保持良好的關係，至少應該表現出友好的關係，好讓羅馬那邊不會擔心我們之間的不合。我們要表現出，本來在世界上的某個角落會有的和諧，雖然我不曉得有沒有人知道那個角落究竟在哪。」

比拉多拍了兩下手召喚僕人，門外的僕人很快入內，站在比拉多面前，並小心翼翼的垂下頭，避免注視主人的臉。

「趕快招來廚房總管。」僕人低著頭一言不發離開。

波庫拉沉默了一段時間。比拉多一面看著她，一面用手指輕敲著沙發臂。

過了一段時間，比拉多問：「你在想什麼？」

「我在想，今晚我應該穿什麼衣服。」

「你是我羅馬總督的妻子，這就夠了。以你的身份地位，不必再穿什麼來突顯。」

「不過，無論如何，我們還是要有合適的穿著、打扮。黑落德的妻子肯定會穿戴她在耶路撒冷城最名貴的衣服、首飾。」

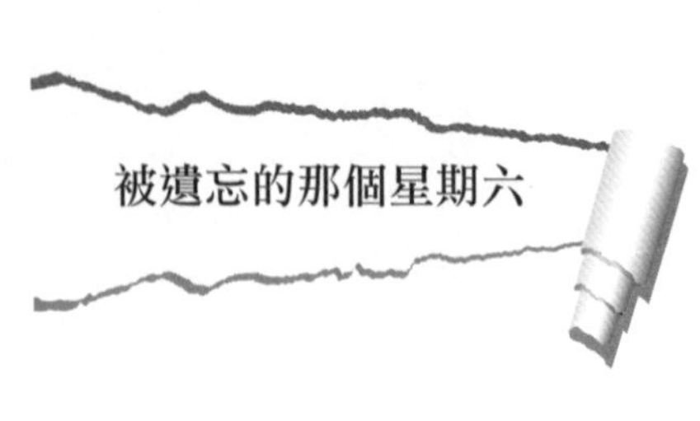

「就讓那個笨蛋去擔憂這些小事吧！她當然要擔心這點，因為她確實需要更多的點綴，才能使人接受她的長相——她醜得要命。」

請猶太人吃豬肉

「我可不這麼認為，她既然可以吸引黑落德，必定有她的長處。」

「她野心勃勃，不斷地鼓勵丈夫改善他們的處境，使所有週遭和國內的情況越來越有利於他們。不論她得到多少，似乎都還不滿意。像黑落德這樣懶散的人，正好需要她這種個性的人在身邊。另一方面，黑落德也正好可以滿足黑落狄雅的需要，當然，有時候需要費點時間。」

門後有人要求准許進入，正是廚房總管。

「我們還有從凱撒勒雅帶來的鯛魚嗎？」

「有的，先生。」

「那好，好好準備它做今晚的菜餚，可以火烤鯛魚再加上一點檸檬片。之後，波庫拉會再交代你們晚宴的菜色。記得，要確保魚是新鮮的。」總管點點頭便退下了。

比拉多繼續向波庫拉說：「我一定要好好地給黑落德上一課，讓他知道什麼才是上好的地中海魚，他們老愛吃那些從加里肋亞的小湖捉到的魚。我還要讓他們嚐一嚐烤乳豬，有一次，我和法比奧稅吏在伊斯班尼亞[7]見過，你知道我很喜歡。其他菜色和醬料就交給你統籌、決定。」

「你要給猶太人吃豬肉嗎？」波庫拉驚訝中語帶嘲諷地說道。

「你想，乳豬，幾乎不是隻豬；而黑落德，也幾乎不算是個猶太人。你不用擔心，也不用顧忌，這只是私人的邀請，不會有法利塞人盯著我們。」

唯獨今天才有的好感

沉默了一會，波庫拉又繼續先前的談話：

「那麼，關於黑落狄雅的前夫斐理伯你可有印象？」

「我想，他會很慶幸黑落德帶走了他的前妻。我認為斐理伯根本無法容忍她的個性，至少他個人從來沒和什麼人有過衝突，他按照自己的方式將羅馬給他的這塊土地管理得好好的。」

「是啊！不知道他怎麼會娶了她。」

「就是不知道大黑落德的後裔在想什麼，他們彼此之間不斷地明爭暗鬥，希望留住祖先留給自己的土地，並擁有更大的領土——特別是保留在自己手上。」

---

[7] Hispania，羅馬時代這樣稱呼伊比利半島。

「但是，她到底用了什麼方法、借助什麼力量來取消自己先前的婚姻？」

「就這事給我們添了許多麻煩，納巴泰王很不高興黑落德拋棄他的女兒、娶了黑落狄雅。羅馬最不希望見到的就是盟友們彼此不睦，這也是我今天邀請他們的原因。」

「就是因為這個？」波庫拉感到懷疑。

「好，我承認，也許是因為今天，我對他比較有好感，我也無法解釋原因。」

* * * * *

小廣場周圍的建築，遮擋了逐漸升溫的太陽。因為這一天是安息日，不用準備午飯，幾個婦女正聚集在戶外閒談著。

「安息日，真是個好日子。這時候，我們才有休息的時間。因為每一天都要吃飯，所以，每天都得準備。平常的這個時候，我們都還在忙呢！」

「是啊！我實在有點不習慣這個時候在街上。一天過一天，我關心的永遠都是火爐和鍋子。」

「你覺不覺得昨天的逾越節相當熱鬧？」

「對！尤其是上午，司祭們四處奔走，動員群眾……」

「我要說的就是這個。很少看到他們有這樣的舉動，特別是在逾越節日。」

被打斷話的婦女，似乎希望主導大家的對話，於是，很快地又繼續接話：「從中午開始，實行死刑。」

「你有去看那被釘在十字架上的死刑犯嗎？」

「我從來不會錯過好戲。」

「我不懂，你為什麼會喜歡看？那有什麼好看的？」

別人的痛苦，我不在乎

「很有趣啊！被釘在十字架上的人，為了呼吸，身子會極度痛苦的扭曲。不過，他們一點也不值得同情。」

「我一點也不覺得有趣，他們是猶太人，是我們的弟兄們！當生命結束的那一刻，你有沒有想過他們親人的痛苦，他們的母親……唉！你也是一個女人……」

「我自個兒的痛苦和問題已經夠多了，那還有時間關心別人的，而且如果羅馬人免費給我看表演，我就欣賞它。」

「你的想法真是令人厭惡。」

「如果他們被釘在十字架上，一定是做了什麼壞事。這些傷害和殺死旅客的人本來就該受罰，沒什麼好憐憫的……釘十字架，是惡有惡報。」

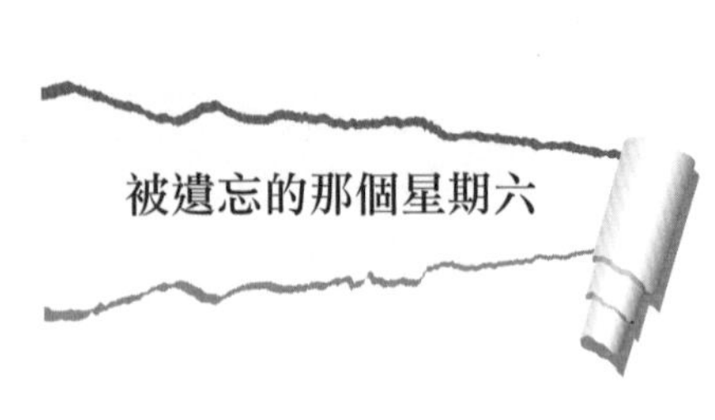

「可是，被釘在十字架上的不一定都是盜匪。有一個人，大家說他是先知……而且他也做了些奇蹟——在加里肋亞。」

「呵！加里肋亞。在我看來，一定是那裏了！那麼遠的地方，誰知道是不是真的有發生些什麼事情。妳說的那個先知很安靜，好像一點也不關他的事；還有人說他是個巫師，所以公議會才會定他的罪。」

「你說『公議會』?!應該叫公議會幫派吧！他們只是因為在聖殿發生的事而容不下他。」

「現在，你們也要把公議會釘在十字架上？看來，你們必定是『好心的耶路撒冷婦女』——那些陪伴在受刑者身邊，以自己的眼淚「安慰」受刑者的人。難道，你們認為這樣可以幫助他們什麼嗎？難道你們不知道，他們最不需要的就是有人在旁邊哭泣！至少，我讓他們平靜，不去打擾他們，也不去提醒他們的罪、他們的痛苦，還有他們將被釘在十字架上。」

她越講越氣憤，轉身走進她的家。留在廣場上的婦女們彼此面面相覷，沉默了好一段時間。在方才的言談中，她們為她那冷漠的心感到難過，於是一個個的都忍不住要反駁她的話，看起來好像是針對她。她們難過她的心硬，無奈的搖搖頭，嘆了口氣，一個個的回到自己的家。

＊＊＊＊＊

比拉多走進他在耶路撒冷堡壘的臨時寫字間。他的助手穆雷納正在寫即將上呈給羅馬的當季報告書。

「你的工作還沒結束嗎？」比拉多驚訝的說：「我不知道你能寫些什麼，在過去這三個月並沒有發生什麼事……」

「如果昨天發生的事，算是下一季的話，那麼本季的報告書的確不長。但是，最好謹慎一點，不要讓羅馬發現有什麼我們沒有寫到、沒有報告的事情。這樣，他們會懷疑我們的態度或是能力。我的朋友，你說是不是？」

穆雷納與比拉多的關係相當親密，雖然比拉多是他的長上，可是他的家族地位卻高於比拉多。他的曾祖父曾是羅馬共和國的執政官……雖然後來❽家族慢慢沒落，不過他依舊是穆雷納五世，因為家道已經中落，所以只好加入軍隊。儘管他很年輕，卻已經是比拉多的首席顧問，而且很有希望能再晉升。因此，他對自己前途的關注，更甚於對比拉多的服侍。但是，他也會適度的放低姿態，表現自己隸屬於比拉多

❽ 歷史有過一位穆雷納（Lucius Licinius Murena），在主前六十二年做執政官；在羅馬共和國這是最高的政治權力，每年選兩個執政官。穆雷納贏得選舉以後，有人告他買票（在主前六十二年已經有這樣的事！）。他請到西賽羅（Marcus Tullius Cicero）——當年的執政官也是有名的律師——替他辯護；穆雷納後來被宣判無罪。在故事內的其他消息，包括任務都是虛構的。

之下的身份：

「我馬上將座位、桌子和抄寫員讓給你，今天下午應該會完成。」

「我想，你大概要明天才能完成了。」比拉多說：「今晚你會很忙，因為我想寫信邀請黑落德來吃飯，你做為我的首席顧問，當然也要參加。」

安息日的應酬

穆雷納表情扭曲，他一點也不喜歡黑落德，他這個人愛亂花錢，又有過多的好奇心，完全不照顧自己管理的領土。

「如果閣下認為好⋯」

「別這個表情，如果你真的很緊急的話，我會很快把紙張讓給你，我又不是要寫多長的信。」

穆雷納離開後，抄寫員拿了一張高級的草紙，可以將字體襯托得更加漂亮整齊。比拉多開始口述他的信件內容：

「般雀比拉多，在敘利亞、巴勒斯坦的猶太、撒瑪黎雅地區的羅馬總督，給為王管理加里肋亞、培勒雅的黑落德：願你健康。」他停了下來，吞一下口水。他很高興找到了一種適當的方式來滅滅黑落德王的威風，雖然承認他國王的地位，但也暗示了，他之所以有地位乃是出自於羅馬的允許。

「親愛的朋友和管理同事……」，這回需要吞嚥更多的口水，他們既不是朋友，更不用說是親愛的，但最糟糕的是，不得不承認他確實具有的權力，相等於比拉多自己的權力。

「這幾天，你的民族正在舉行逾越節慶典，我們彼此若能有個非官方的私下來往，會更有助於我們的管理工作。現在就有個好機會，恰巧我們同在耶路撒冷，若我們之間有個聚會，也不會引起大眾的關注，因此，我寫這封信邀請您今晚，在安息日過後，前來我現在居住的堡壘享用晚餐。」想到黑落德一點也不拿安息日當回事，他忍不住停下來笑了一笑。這時，有人敲門，經過他的許可後，穆雷納站在門口說：

「大祭司和四位高階司祭有事找你，並且希望能快點見到你。」

「好，我等會就去。」他很快指示了抄寫員完成信件，並且要採用禮貌的末後語，然後立即送達聖殿對面的黑落德王宮殿。

比拉多想起早上遇到大司祭時，似乎見到他想說卻又沒說什麼的表情，心想他可能有什麼急事要來找他。但，會是什麼事呢？比拉多很好奇，卻也真的猜不透能有什麼事。幾分鐘後，他走出寫字間，走進空間比較大的會客廳，那裡有蓋法，厄肋阿匝爾和其他幾位他不認識的司祭。比拉多主動發言表示歉意：

「不好意思，我穿著居家服，請各位見諒。我實在沒想到安息日、尤其是逾越節

的安息日會有客人來訪……不過，聽說是有很緊急的事情。」

「是的，鈞座。」

比拉多告訴他們，不用多禮，反正是私下的談話……而且，他實在很好奇，想趕快知道蓋法到底要說些什麼。

復活

蓋法把握時間，開始說明來意：

「這事情表面上看來可能是件微不足道的事，在此，先和總督說聲抱歉，我們為了這麼小的事情來打擾您。」

比拉多不耐煩的想著：「講重點，快點，講重點。」不過，他仍表現得很有禮貌，說：

「既然大司祭都親自來了，就不是件小事。」

「就是關於納匝肋人耶穌，那個昨天總督將他判死刑、釘在十字架上的人，因為他反對羅馬，企圖造反。」

比拉多心想：「這些偽君子！還不是你們強迫我，在幾乎威脅到我的性命安全的情況下，強迫我去相信一個從來就沒有出現的叛亂事件。」可是，他仍然維持表面的和諧：「是的，他已被執行死刑了。他死了，我已經把他的屍體交給你們公議會成員中的一位……他叫……他叫……我不記得他的名字了……」穆雷納低聲在他耳邊：「阿黎瑪特雅人若瑟。」

「對，對。阿黎瑪特雅人若瑟。我聽說，他匆匆安葬了他，在某個地方。」比拉多不禁微笑，很高興自己在沒有違反羅馬命令的前提下，能為他做點事，至少他自己可以減輕些憂慮。

「我們知道他被安葬在哪，我們要談的就是這件事。」

比拉多心想，難道是因為墳墓不夠舒服？他開始厭倦了這場談話，不過，他還是成功地約束了自己。

蓋法停頓了一下，繼續說：「有謠言說，那個騙子曾經說過，自己三天後會復活。」本來，比拉多差點要露出嘲諷的微笑，不過思緒跑得更快些：「原來就是這件事，難怪他不希望在大庭廣眾下談這件事情，特地私下來談論。」這一次，他再也控制不了自己，說：「好，那麼時間不多了，我們很快就會知道結果如何。可是，我提醒你們，我處死的人，已經徹徹底底的死了。」

蓋法心想，這不就是今早我和亞納斯談話時所犯的錯誤，他同我一樣，只當它是個玩笑話。他繼續接著說：

「是的，總督。我們很清楚知道他不會復活。我們擔心的是，希望不要發生什麼

意外才好，以免有人為的欺騙。」

這樣的可能性，使比拉多同蓋法在幾個小時前一樣，沒辦法反駁什麼：「例如？」

「例如他的門徒，或是任何一個想要竊取的他的屍體，留下空墳，然後說他已經復活的人。」

比拉多完全搞不懂蓋法在說些什麼，誰會想要偷一個被釘在十字架上的屍體，他的墳墓裏又沒有什麼貴重的東西。

「我想，或許比製造空墳更有難度的是，讓大家看到復活的身體。」

「對，困難得多。可是，一點也不需要，他們只要向人說，他在天上，所以不用顯現給人。」

比拉多似乎想說些什麼，不過蓋法很清楚他所想的，於是做了個手勢，繼續說：

「也許總督不知道，在我們當中有一些人，他們是一群很親近民眾的法利塞人，他們就相信復活。當然經過昨天的事，我也知道那個納匝肋人一點也不被法利塞人喜愛…我們一切都準備妥當了，除了…」

「你要什麼？」

「請允許我，讓聖殿的守衛在墳墓四周駐紮。最好也有總督府的官兵在那邊看守，以示總督府中立的態度。而且，這樣就不會有人以為是叛亂的舉動。假如能用具有羅馬印章的封條封墓那更好。另外，我們也會安排一些司祭在那兒。」

蓋法不願意給人這樣的印象，好像是要將所有的責任推給羅馬政權，因為這件事看來其實是猶太民族內部的問題。比拉多想了一會，搖了搖頭，又詭祕地笑了笑，然後又搖了搖頭，最後說：

「穆雷納，吩咐下去，要十夫長和六名士兵待命。等會，一些司祭及聖殿守衛來後，一同前往墳墓。你拿著封條、印章和蠟同他們一道去，封墓後再回來。」

大司祭表達了對比拉多能夠理解的感謝，然後很快地離開堡壘。

* * * * *

大約中午時分，耶穌的母親瑪利亞起身，走到客廳，見到了瑪達肋納。過沒多久，雇撒的太太約安納也加入這兩位瑪利亞的談話。

瑪達肋納向她們說明耶穌被埋葬的經過，她還記得當時，她無法將十字架上卸下來的耶穌，從瑪利亞的懷中抱走，阿黎瑪特雅人若瑟在一旁非常焦急，因為時候已經不早了，而且他也擔心司祭們的反對會讓比拉多改變讓他埋葬耶穌的許可。可是，另一方面，他也相當尊敬並且憐憫這位痛苦的母親，不想催促她，這是她最後一次能這樣緊緊的擁抱著兒子。最後，萬不得已，還是從她手中將耶穌帶走。這位被利刃刺穿心頭的母親，只好眼睜睜看著兩個僕人將他包裹在毯子裏帶走。雖然，他們盡量留意該做的事，但因為時間不多，處理過程也就不是很謹慎。

瑪達肋納開始說：「我一直跟在他們的後頭，盡可能與他們保持一定的距離，其他的婦女們也跟著我們。墳墓離豎立十字架的地方不遠，很快就到了。到了之後，一開始先清洗身體，那幾乎還帶著溫度的身體。他們不讓我們接近，也不讓我們幫忙，只有若瑟和他的僕人們，小心且滿懷敬意的處理。不過，畢竟是些男人，如果我們能做的話，會更加細心、更有感情，會做得更好。可惜，我再也不能為他做任何事了。」

讓人心碎的簡陋

瑪利亞微微點頭，感謝瑪達肋納所做和所說的一切。一旁的約安納悄悄地哭了，心中對瑪達肋納的沉著滿是欽佩。瑪達肋納繼續說：

「他們簡單、快速的清洗後，為他傅油，這簡直不能算是真正安葬屍體該有的樣子，讓我們很不滿意。然後，他們把他放在石牌上，用一些小石子固定在他的頭顱周圍，使他能望向天空。」

瑪達肋納再也壓抑不住地哭了起來；約安納則是熱淚盈眶地望著她，說不出一句話；身旁的瑪利亞也任憑兩行淚水從臉頰滑落。

「之後，他們用一塊布將他的身體全部覆蓋起來，然後在頭上放置一條汗巾。我們靠近觀看發生的一切，直到最終，直到他們將石頭推至墳墓，封閉了洞口。」

*****

比拉多走回內室，看看他的信是否已經被送達目的地（有位僕人報告說，他已親自帶去了）。他又到餐廳，看看大家是否已經開始在準備宴會，波庫拉所準備的菜色讓他十分滿意。然後，他開始向波庫拉報告：

「現在，要派一些士兵去看守死人的墳墓，那個人根本死透了。看來，這民族給我帶來的驚訝，還真是源源不絕啊！」

*****

蓋法很快地來到大司祭的宮殿，他直接走到亞納斯的房間。他發現，岳父正坐在一張稍微後傾的大椅，好讓他可以更順暢的呼吸。亞納斯見到他的到來，半開著眼，

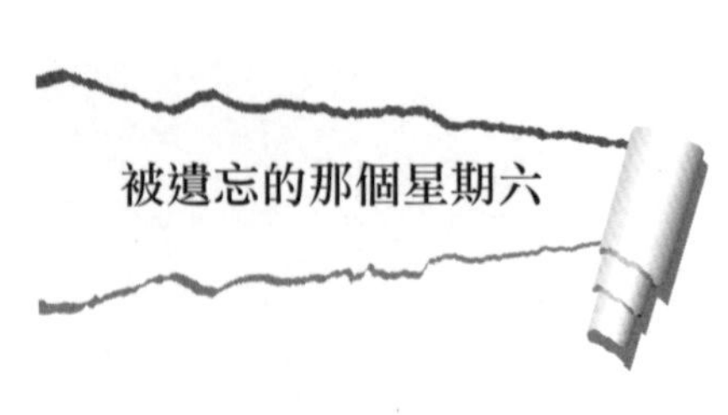

等待他的回報。蓋法沒有多加問候，直接報告說：

「我剛才已經跟總督報告了。正如你能想像的，他似乎覺得這是個可笑的想法，不過，重要的是，他最後同意了。依市瑪耳和其他的司祭以及聖殿的守衛都應該已經出發了。」

亞納斯很滿意的說：「我等會跟你們一同吃飯。到時，可以再討論更多的事情。」

蓋法安靜地離開，走向他自己住的房子。

＊＊＊＊＊

事實上，依市瑪耳與其他兩名司祭聽從蓋法的命令，已經往墳墓的方向走去了。同他們一道的，還有聖殿的四名守衛。一路上，司祭們臉上的表情相當不悅，而聖殿的守衛則是面無表情。他們知道自己無關緊要，無論是在聖殿，或是在這項新的任務中：他們心中想：「真奇怪，大司祭命令我們看守一個墳墓，卻沒有交待我們帶上武器，或是特別的裝備，我們只有一把劍，這樣的防護措施，面對專業而有武器的盜墓者顯然是不夠的。」但是，他們知道這事不會發生，因為那個墳墓沒什麼可偷的，純粹只是為了防止有人接近，製造不必要的麻煩而已。

另一方面，總督的首席顧問——穆雷納帶著官方印鑑，隨同在安東尼堡壘的士兵及羅馬的輔助兵一起前往墓地。對他來說，比拉多對這些司祭們似乎太過包容、太過和氣。這件事簡直荒謬得可笑，甚至還會丟了羅馬士兵的臉。幸好，他們不是羅馬士兵，只是輔助兵。當然，這件事也絕對不會出現在他下一季的報告書上，他不想把自己的名字，與總督這個古怪的行動連結在一起。

反倒是士兵們感到很有趣，他們同樣覺得這是個可笑的行動，甚至把它當作一個笑話。他們彼此以一種奇特的混合語言交談，可能是混合了拉丁語和輔助兵的母語，不僅僅是這六名輔助兵，而是長期以來參加羅馬軍隊人員的母語。官員們大致都能聽得懂，雖然未必完全理解，這時，穆雷納也聽不太懂他們在說些什麼。士兵們有著較完整的裝備：鐵甲衣、頭盔、盾牌做為保護，手上還拿著矛，腰間佩帶著刀、劍，假如有人想要「攻克墳墓」的話，一定要有全面性的襲擊才能成功。更何況，必要的話，還有聖殿的守衛和司祭們可以幫忙，但是這應該不可能會發生。他們一邊走，一邊談著：

「昨天，我是施行鞭打的人。我向你們保證，我們打得萬分盡興。」

「你噢！一聽到要鞭打犯人，手就癢了。」

心硬

「看，我們平常沒什麼事情好做，只好趁著這個機會。」

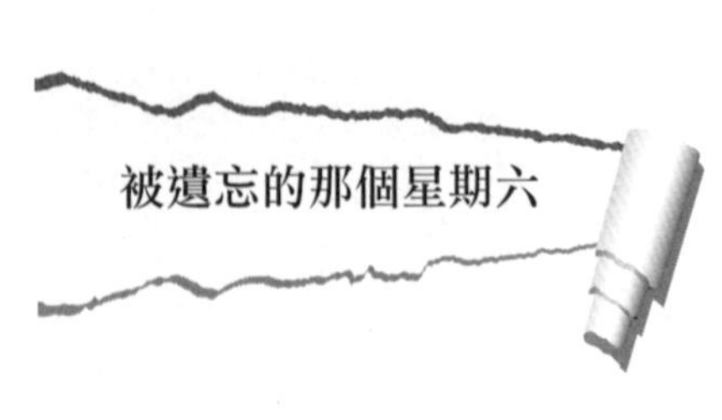

「而且，我們被告知要『好好的』打，好讓人看得出他受到鞭打。總督好像想藉此激發人民的同情心。」

「是的，我聽說了。但無論如何，我還是覺得有點超過，那幾乎是要殺了他。」

「有時是這樣的。這種事，難免的。」

「他看起來很平靜嗎？」

「你想他會怎麼樣？他雙手握得很緊，這是那彼提尼雅人的專長。但是，現在你一提起來……。對，他似乎比以往的人還少抱怨，好像也不太抵抗。當然，他會疼、會痛。」

「我會這樣說是因為他被釘在十字架上時，也是這樣。就像你說的，他看起來很痛苦，但沒有抵抗。他自然地伸直雙手，好像這是他不得不做的事，但是每當我們釘進一根釘子，他的臉就會痛苦的扭曲著。」

「他們說他是一個先知，他會行奇蹟。」

「哦，可惜昨天他沒有行奇蹟。」

「噢，也許他做了。誰知道呢？」

「什麼？」

「他表現出的姿態、他的平靜、他坦然接受痛苦，甚至細數著所承受的痛苦，好像早已知道自己要付出多少代價。對了，我現在想到一個好的比方。就像你要去購買一塊好布料給你的妻子做衣服，但是很捨不得付出金錢，或許感到心疼，但你還是乖乖的把硬幣放在櫃台上。每當你放下一枚硬幣時，心就痛一下，那種感覺既喜悅又痛苦……一枚、二枚、又一枚、又一枚的好心痛，但你仍主動的將硬幣放在櫃台上。昨天，我看到他在十字架上，就是這種感覺，卻不知道該如何解釋它，現在我知道了。」

「你太心軟了。」

「昨天的事，他一點也不心軟，剛剛他已經說過他下手多重了。從前，我們聽過多少痛苦和絕望的吶喊，以及對我們的咒罵；但是，昨天，他沒有咒罵我們，在十字架下的人反而嘴裏還念念有詞，我雖然不明白他們的語言，但看到他們臉上的表情，就已經非常清楚了。」

「那就對了，你實在太心軟了。」

「那百夫長馬爾谷也是個心軟的人嗎？有一次，三個士兵偷羊，結果他把他們釘在十字架上，你還記得嗎？他一點也不心軟。可是，昨天這個人死後，他竟然脫下頭盔，低著頭說：他真是神的兒子，連馬爾谷都感覺到他不是一個普通的人。」

士兵已經走到墳墓附近，一一就定位，此時，日正當中。

耶穌的屍體靜穆的躺在墳墓裡的石板上，已無氣息。潔白的殮布包裹著傷痕累累的身體，汗巾覆蓋著臉龐，安詳的面容，彷彿不曾經歷那場椎心刺骨的苦難。眾人在前一天傍晚便已匆匆離去，獨留耶穌……。

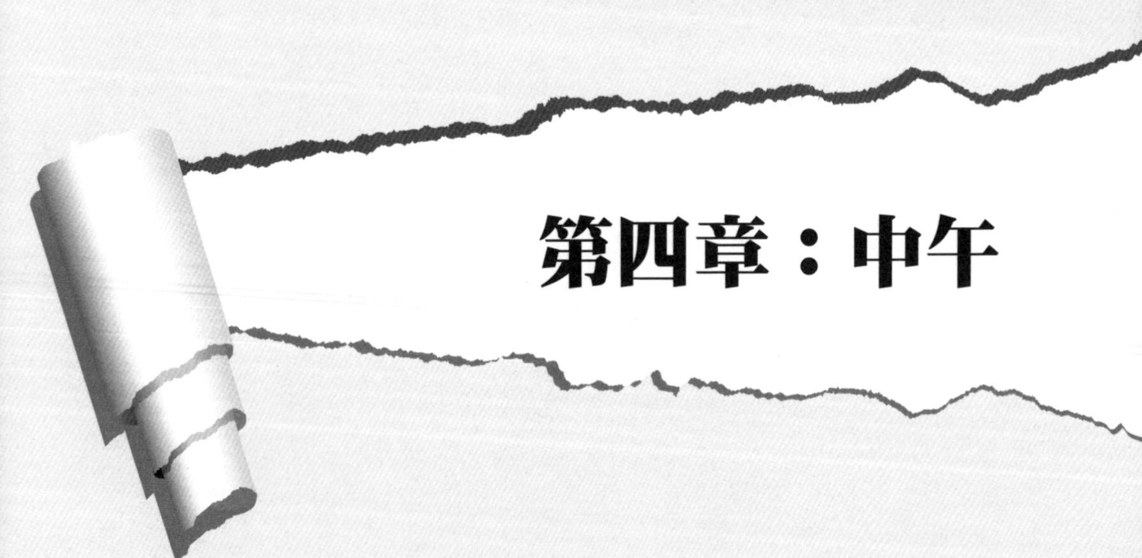

第四章：中午

耶穌的屍體靜穆的躺在墳墓裡的石板上，已無氣息。潔白的殮布包裹著傷痕累累的身體，汗巾覆蓋著臉龐，安詳的面容，彷彿不曾經歷那場椎心刺骨的苦難。眾人在前一天傍晚便已匆匆離去，獨留耶穌……

亞納斯依照自己先前所說過的，來到蓋法家吃午飯。儘管他已經上了年紀，動作仍然堪稱敏捷。不過，始終有二個僕人隨侍左右，因為到了這個年齡，萬一不慎跌倒或有個什麼閃失，後果可能不堪設想。當然，主要也是因為他喜歡藉此表現自己的重要地位，透過他肅穆的舉止和莊重的儀表，在這個家突顯出自己的權威。

儘管自己已經多次提醒女兒，但一路上，他仍看到自己所不樂意見到的景象——牆面斑剝，由此看來，蓋法並不重視岳父的提醒。此外，內院亦是雜亂無章，這些都不被允許出現在大司祭的宮廷裡，法利塞人會認為這樣危及了禮儀性的潔淨，不可避免地令人感覺到衰敗，彷彿司祭王朝出現了裂痕。

亞納斯吃完第一道菜後，說：

「所以，你們已經同總督講過了。」蓋法一面嚥下口中的飯菜，一面點點頭答道：

「一開始，他和我一樣犯了相同的錯誤，完全把這事當成笑話。」

「不要責備他，正如我沒有責備你一樣。」亞納斯喜歡讓蓋法自己坦承他上午時有多愚昧。然後，蓋法繼續說：

「要他相信復活？就連你、我的信心加起來也不足以讓他相信！」

「這並不是復不復活的問題！」

「當然，對我們來說不是。但對他來說卻是。他對於我們的風俗民情，特別是民眾的心態，了解非常有限，他根本無法理解屍體有可能會被人盜走，畢竟他在本地的時間並不長。」蓋法自己也很驚訝，自己居然會為羅馬總督辯護。

「這不是時間的問題，而是他有沒有心。他根本不關心我們的民族，他唯一在乎的是如何平息或者說是壓制動亂，並隨時偵查一切可能的叛亂因子。而麻煩的是，他一點也不了解我們的民族，所以根本無法注意或查覺到什麼不對勁，直到火燒眉頭。」

「你認為不論從何時開始，那個納匝肋人一直是引起叛亂的危險人物嗎？」

「你認為比拉多還懂什麼？就如同你所說的，他什麼也不懂，直到我們暗示他將有叛亂之前，他根本不願意好好地傾聽我們的聲音；直到他意識到，這可能威脅到自己的腦袋，你認同嗎？」

「我不知道…有時候我覺得我們是不是有一點誇張…」

「不要現在才來心軟。我們所做的，不過是使模糊的輪廓提早清楚地呈現出來而已。對，不一定會發生，也不是即將發生，但你能擔保永遠不會發生嗎？」

「不，我不敢擔保。」

「假如是這樣，那就對了。你就別再多想了。好好吃你的烤羊腿，願上主一直保

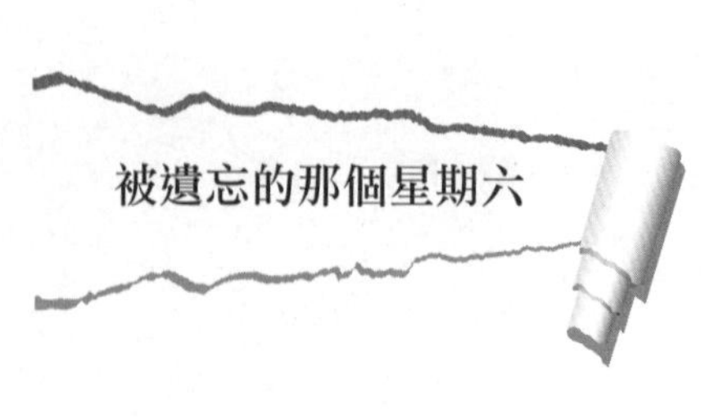

守我們。」他們慢慢地享用午飯，細細品嚐羊腿的滋味。亞納斯時而抱怨自己的牙齒脆弱，時而讚美羊肉的美味，特別是淋上猶大出產的油，或是配上無花果和迷迭香調製的醬料。

是不是先知？

蓋法的太太為了誇耀自己的功勞，得意的說道：

「說到這製作法，可是我吸收了我弟妹——厄肋阿匝爾的太太的點子，再加上自己的創意所研發出來的。」

他們繼續吃著飯，安靜了好一段時間，直到蓋法打破沉默。他點了點頭，邊揮動雙手邊大聲地說：

「如果那個加里肋亞人真是個先知呢？聽說他會行奇蹟。」

在座的人都感到訝異，不知道他這回到底是認真的、還是在開玩笑。他有時候會這樣無厘頭，因此大家盯著他，觀察他臉上的表情變化。他只是張大了眼，好像真的在期待一個答案。

亞納斯淡淡的做出答覆：

「女婿！你聽聽看我的說法，看我們能不能把這件事情說清楚。不管他是不是先知，現在已經不重要了。我只知道，有一天你告訴我，就在不久以前，他進入聖殿，趕走了在外邦人庭院裏，那些做買賣的商人和兌換貨幣的人。他完全沒有先問過他們是不是經過了大司祭的許可（當然這必須給予我們相當豐厚的獻金），就自作主張趕走了他們。這樣的舉動，引來人民許多的讚許。一時之間，聖殿的守衛也不知所措，無法立即反應，上前阻止。那些法利塞人並沒有損失任何的利益，自然也不會對他清潔聖殿的舉動感到反感。」咳嗽打斷了他的言論，使得他不得不停下來。他喝了點酒，清一清喉嚨，又繼續說道：

「正如你所知道的，剛開始也許只是件小事，比那件事更小，引起了一些騷動。可是騷動會造成動盪，然後動盪導致叛亂、暴動。因此，他是不是先知，我一點也不感興趣，因為這對我們的生活、我們的職務一點幫助也沒有。相反的，我們應該在引起第一道波瀾之前，就避免它反對羅馬政府，這點你自己應該很清楚，不論我們喜不喜歡，這正是我們該做的。正如今早我對你的讚美，你將這事辦得很好，所以，你別再拘泥在這個問題上了。」

大夥兒繼續在沉默中吃飯。僕人們帶來些水果，讓他們享用美味的無花果和一些蔬菜水果。然後，亞納斯又開始說：

「除此之外，先知總是令人不悅、使人生厭。我不知道**不敬神**（他傲慢而大聲地

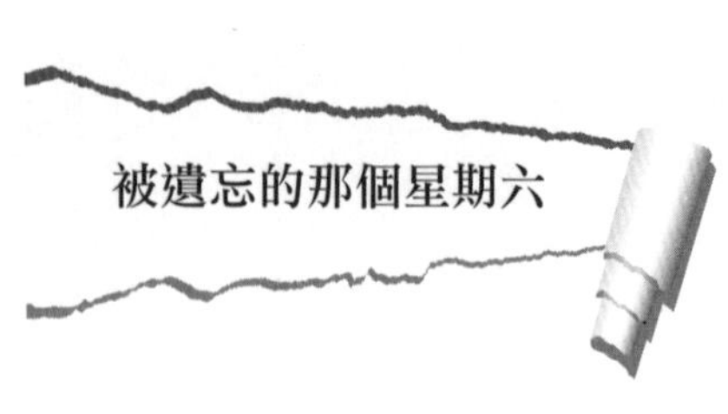

說）的默納協王有沒有下令鋸開依撒意亞先知❶，但我相信他應該很樂意這麼做；我真的覺得撒瑪黎雅的雅洛貝罕王非常寬宏大量，只是叫亞毛斯先知離開自己的地方❷，回到猶大的特科亞——原來屬於他的地方；更令我佩服的是，漆德克雅王對耶肋米亞先知的忍耐，不只是從敵人手中解放了他，還在當時整座城市處於飢餓之際，下令每天給他一個麵包❸，縱使耶肋米亞說了許多反對他們的話。漆德克雅王才是有耐心的人，而不是那個耶肋米亞。」

咳嗽持續了好長一段時間，使亞斯納不能講完想說的話。他覺得，此刻最好是回到自己的房間好好休息一下。

* * * * *

在開始用餐之前，革辣感謝上主，將以色列民族救離奴役之地——埃及（在逾越節，很自然地該做這樣的感謝）。感謝天主，給予他們流奶流蜜的土地，除此之外，他更感興趣的是，那能使人得到力量的麵包——小麥。

---

❶ 有個傳統說依撒意亞先知（基督教稱為以賽亞先知）是這樣的死法，參閱偽經《依撒意亞殉道》（*Martyrdom of Isaiah*）第五章。

❷ 參閱《亞毛斯先知書（阿摩司書）》七章10～14節。

❸ 參閱《耶肋米亞先知書（耶利米書）》卅七章21節。

但在用餐時，他無法抑制住自己對麵包的厭惡之情，說：

「無酵餅，做好之後頭一個晚上吃是很好，但是到第三天已經又乾又硬了。更何況，現在才到逾越節的第二天而已。什麼？第二天還沒結束，真不知我們該怎麼度過這一週。」瑪赫拉——他的太太——低著頭，沒多說什麼，心想：「既然吃無酵餅是上主的命令，那麼最好是以心悅誠服的態度來遵守。反正，在耶路撒冷吃又乾又硬的麵包，總好過吃埃及地的大蒜和洋蔥❹。」

革辣意識到太太並沒有附和自己，因此試圖掩飾自己剛剛的怒氣，說道：

「幸運的是，我們並不缺乏其他的食物來搭配它。我們仍然要感謝上主…還有你。你總是設法使它們美味又好吃，即使是兩天前做好的。」依史雅對此沒什麼太大的意見，以他的年紀，任何食物都不會他造成困擾，什麼都能很快地往嘴裏吞下。不過，今天是安息日，不能和朋友跑太遠，他真想這一天快點過去。

* * * * *

---

❹ 參閱《戶籍紀（民數記）》十一章5節。

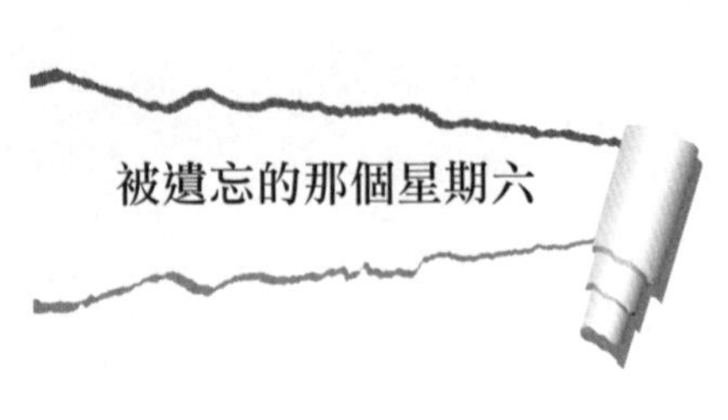

赤身露體逃走的少年輕輕地敲門，那扇耶穌的門徒們躲藏於其後的門。雖然這一間房屬於同一個房子，卻另外有個樓梯通向街道，因此，可以在逾越節時，當作『另一個房子』獨立使用。聽到敲門聲後，斐理伯猶豫了一會，直到他從縫隙中認出孩子，並轉告其他人放心：「是認識的人。」

不過，他仍謹慎的問：「你是一個人來的嗎？」

「是的。」為使裡面的人放心，男孩以響亮而明確的聲音回答。他們為他開門，見到他手上拿著一個袋子：

「我父親說：『這些東西是要給你們吃的。』」他一邊說一邊從袋子裏拿出麵餅、一些牛肉乾和鹹魚。

然後，他又拿出葡萄酒，說：「父親還給我這個，對我說：『到底他們都是些男人，應該會想喝點酒的。』」

最後，男孩從袋子裏拿出前晚做好的一鍋燉羊肉、胡蘿蔔、豌豆和其他蔬菜。這些食物都還是熱的，剛從火爐上拿來的。

男孩說：「這是母親準備的，她沒有看到父親為你們準備了酒。認為單是吃麵包和牛肉乾太乾了。所以，叫我帶上羊肉蔬菜湯。」

離開比較安全

門徒們睜大了雙眼，看到不只是有東西可以吃，還是熱騰騰的，甚至有葡萄酒。因此，有些人暫時忘了悲傷。他們感謝少年和他的家人所給的食物，並且願意收留他們。

多默一見到少年，就忍不住問：「孩子，你知不知道有沒有人在找我們？有沒有人去你的家打聽我們？」

「沒有。」男孩回答後，就關上門離開了。

此時，多默謹慎地將自己隱藏於門後。他們試圖不讓自己顯露出對食物的渴望，但事實上，逾越節過後他們的確沒吃過什麼東西。回想到耶穌責備法利塞人，喜愛坐在宴會的首位，像挨餓似的❺；現在門徒之中有許多人不但能夠憐憫他們，也能理解他們⋯為此門徒們不禁感到慚愧。他們靜靜地吃著，因著飢餓很想快點吃，另一方面也因著愁悶和不安全感反而吃得更慢。份量雖然不很多，卻已足夠。

當他們吃得差不多的時候，多默打破了沉默，以宣告的語氣說：「我要走了。」雖然語氣略顯激動，態度卻很自然，好像這句話再正常不過了。大家心裡都也都知道不能一直待在這裏，他們不知道還要關在此處多久，也不

❺ 參閱瑪廿三6。

知道家主的好意與食物會持續多久，在這一週的逾越節慶當中，一間屋裡，扎扎實實塞進了十一個大男人。

儘管多默的宣告一切很合理，大家聽了仍有些震驚，但對他堅定語氣還是不免疑惑：

「你要去哪裡？」瑪竇因著過往稅務長的經驗，習慣性地發問。

「我認識一些住在耶路撒冷的人，我要同他們住幾天，直到風聲平息，可以安全上路為止。」多默回答。

「你以為這樣會比較安全嗎？」巴爾多祿茂問：

「其他地方比這個地方安全多了；這邊是個圈套，你難道不明白嗎？他們還沒有找到我們，是因為還沒開始找。可是，假如他們開始找我們，會比要找在聖殿中被焚燒的羔羊還要快。很難想像，你們居然都沒有留意到這事。」

「可是，沒有人問起我們。」來自伯多祿結論性的陳述，他似乎是他們之中較不受現今局勢干擾的人。

「還沒有。我說的是還沒有，還沒有人問起。你們不要忘了，現在正在過節。他們這幾天中解決我們的老師的事，是他們唯一沒想到的機會，可是他們卻不是這樣預想。一旦節日過了，很快地會有人問起：那個人是在哪過逾越節的？」

「誰會知道？」阿耳斐的兒子。

「當然是那個現在不在我們中間的人。」大家彼此面面相覷，忽然意識到已經有一個人不在他們當中。

也許因為有著相同名字，猶達不太願意相信這種可能性：「你是說，猶達斯會出賣我們嗎？」

「這個問題有什麼好問的。」瑪竇沒好氣的繼續說：「不要問會不會，要問為了出賣我們，他會得到多少？」早上，他靠著數字度過了一段時間，現在數字也起了很大的作用。計算，算銀幣，那是當然的，但也可以算有幾個門徒。

一注意到有這樣的可能，使大家心情更加鬱悶起來。對大家而言，猶達斯就像是顆不定時炸彈。悲傷之中摻雜著危險，更令人難過的，是自己人所帶來的危險。這時氣氛變得更加低沉，日正當中的艷陽使屋內更加炙熱，但卻沒有人敢開窗。

＊＊＊＊

黑落德頂著一頭亂髮，從內室搖搖晃晃地走出來，因為昨晚的宴會，使他的嗓子到現在還是嘶啞的：

「食物⋯準備好⋯了嗎？」他對太太這麼問時，她正在隔壁房間打扮，沒有立即

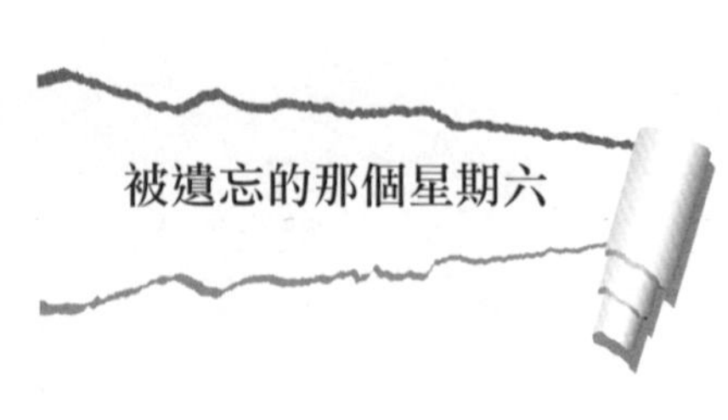

回答他。她坐在沒有靠背卻有扶手的椅子上，她稱作總督椅❻。她的左手已經裝飾好了，她順著椅子上的扶手，自然而輕鬆的垂了下來，她又軟綿綿地伸直右手，等待女僕的服侍。這位女僕也是昨晚跳舞的女孩之一，現正跪在一旁細心地為夫人銼平指甲。同時，另外一位舞者也跪在一旁，為夫人修剪左腳的指甲。

「在開口講話之前，你就不能先整理、整理自己嗎？」她回答。過了一段時間，黑落德沒有任何的回應。這時，正在修飾右手的女僕一不小心劃傷了夫人的手指，夫人原本毫無力氣的手立刻像鐵塊一般，重重打了女僕一個響亮的耳光。

女僕深深一鞠躬，頭低低的說：「對不起，夫人。我不是故意的。」

黑落狄雅充滿憤怒，語帶著嘲弄，模仿說：「對不起…夫人…我不是故意的……」然後，再把自己的手交給她裝扮之前，先用力地擰了女僕無袖的手臂一把，說：「你這粗心的傢伙，給我小心一點。」隨後，她的手又無力地攤在扶手上。

黑落德搖搖晃晃地離開時，邊向太太說：「不要刁難我的舞者！」對，正是這些舞者讓黑落狄雅相當不高興，因此剛好有機會讓她發洩發洩。當他背向她時，她低聲嘀咕，不悅地說：「你的舞者！」

---

❻ 因為在羅馬，總督就是坐在這種椅子上。

第四章：中午

女僕們結束了工作，深深地向夫人一鞠躬後離開。黑落德尚未走回自己的房間，因為他大概每走二步路，就得停下腳步，好使自己站穩腳跟，然後才能再繼續往前走。不久，阿芙羅西娜——黑落狄雅的婢女，也是她最貼心的婢女進來，她不會受黑落狄雅的怒氣。

「阿芙羅西娜，你今天下午必須幫我做個特別的髮型……」她悄悄地補充說，以防被房間裏的黑落德聽到：「今晚，我們要同總督一起吃飯。我想，現在我們要先試試看哪種髮型比較適合，以免下午浪費太多時間。」

過了一段很長的時間，她們先是挑幾撮頭髮往上捲，然後用髮夾夾住，接著，又將頭髮全部盤起，做了個花苞頭。然後，又試著將頭髮集中至左肩，並且使它像波浪般垂放下來。

黑落德洗了臉後，整個人就精神多了，走路也穩健多了。

黑落狄雅對婢女說：「好了，先這樣。你可以離開了。下午，我們再繼續。」阿芙羅西娜鞠躬後，轉身離開。

「你先坐一下，等會兒我們吃點東西。雖然，我們今天不需要吃太多。」她好像話中有話，因此黑落德好奇地拿了張椅子坐在一旁：

「有什麼事，你為什麼神秘兮兮的？什麼事讓你今天下午要特別打扮一番？你要出去嗎？去哪？」

「那有封給你的信，你自己看吧！它會解釋一切。」她一面說，一面指著在桌子上的銀色托盤。

「你拆了那封寫給我的信嗎？」黑落德有點生氣、不高興地說。

「你自己看是誰寄來的，也許很緊急。因為那時你沒辦法處理，我當然得先看一下。」黑落德面對妻子又快速又有條理的答覆，瞬間啞口無言：

「總督的信？他還有什麼問題嗎？難道他不高興我昨天沒幫他處理掉那個死人？」除了處理公務外，黑落德總是會講出一些粗魯的話語。

「那個時候，他還沒死。」黑落德一點也不理會太太的話，自個兒一邊看信，一邊唸出：

「般雀比拉多（Poncius Pilatus）……還好，我記得一點拉丁文，常常得去羅馬，總要和人寒暄個幾句話。」

他喃喃自語，唸完了信，說：「原來，他要請我們吃晚餐。我們必須去，你可以開始想一下要穿什麼，不要老是讓我等你。」

「你不是看到了嗎？我已經開始準備了。信上要求我們，雖然今天是安息日，不過盡可能的在日落前到達，好像我們是小老百姓要走路去似的。」

「你沒注意到這是他的反諷嗎？他明明就知道我一點也不在乎安息日的規矩。而你——不論什麼穿著打扮都好看，重要的是你是我的太太那就夠了。」黑落德將信放回小托盤，然後同太太一起走去餐廳。

正如同黑落狄雅先前的提醒，他們這一餐吃得既清淡又簡單。黑落德當然知道這是太太的好意，但他卻一點也不感謝，因為他從昨晚開始，直到現在都沒吃到什麼東西。

* * * * *

一到墳墓，無論是士兵還是司祭，大家都想找個有陰影的地方，不論是多遠的距離，反正，這個時間也不會有什麼人來偷屍體。

墳墓就同當地的風俗一樣，用厚重且較圓的大石頭將洞口封住。穆雷納尋找著洞口周圍岩石上的縫隙，找到後，就將長長的布條塞入隙縫，並且熔化蠟油，然後將章印在蠟上，用布條封住洞口。

完成後，他心裏還是非常不痛快，因為他認為像這種蠢事，完全不需要羅馬士兵來處理。所以，他一點也不在乎自己是否處理完善，總之把蠟章蓋上就對了。假如有人推動石頭，蠟章就會被毀壞。而且，萬一有人要偷屍體……他自言自語的說：「誰會來啊！沒人會來的！」任何人只要帶上燈，就會看到這是被總督特別保護的墳墓，他應該知道被總督捉住的罪是既重大又毫無道理可言的。穆雷納收拾、整理著所

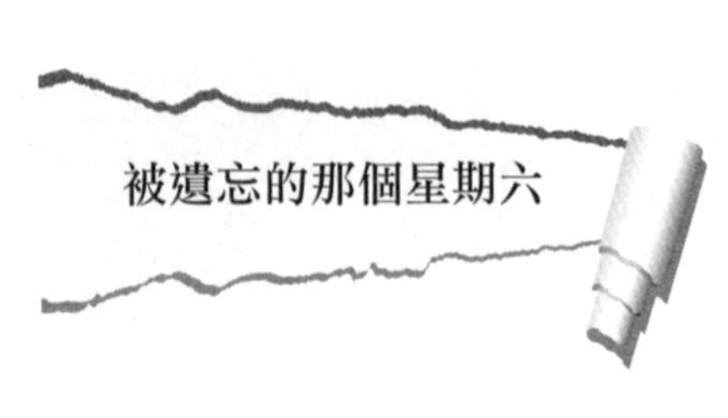

帶來的物品，然後給他的助手打了個手勢，準備回去。回程的路上，仍是滿肚子怒氣。

一個士兵為了讓足夠的陰影遮蔽著自己，站在較遠的地方，因此士兵的小隊長大聲地叫：「安東尼歐，你給我站過來點。你以為自己回到了軍營嗎！」

「但是，誰會來這裏偷東西呢？現在大白天的，而且，這裏離城市不到幾步路的距離而已！」

「我當然知道，但是命令就是命令，命令是要看守墳墓，而不是叫你看守那邊的荆棘。」

話說回來，這個地方真的沒什麼植物，最多只有些荊棘叢。

聖殿守衛站在墳墓邊上，並不因為他們比較盡責，簡單地說，墳墓邊上還有點微風，而且到了下午，在墳墓洞口大石的遮擋下，慢慢地會有些陰影可以遮陽。

司祭們彼此相望，然後就注視著雙方的守衛者，好讓他們明白自己被監督著，以增加他們看守時的注意力。在這種情況下，不論是對蓋法或是比拉多，在守衛心中都沒什麼好感。聖殿守衛也還記得自己為什麼要在這裏，還不都是那個死了的加里肋亞人造成的，有人提醒他，要求他們要看守墳墓的不是死掉的那位，而是蓋法。

＊＊＊＊＊

赤身露體逃走的少年正和家人一起吃飯。他的父親問他，當他帶食物給耶穌的門徒時，他們有沒有說些什麼。

男孩這時才發現他們根本沒說什麼。最後，他想到：「只有一個人問我，有沒有人在尋找他們。他們看起來好像很害怕，因為他們不敢馬上幫我開門，好像要先確保沒有人跟著我。而且，儘管天氣已經開始變熱了，他們還是將所有的窗戶都關起來。」

「真不知道，他們打算在裏面待多久？」父親帶著一點聲量，無奈的說道。

「你該不會是想把他們趕走吧？」太太又驚訝又害怕的問。

「不，你不要擔心。我很尊重他們的老師。但是，我實在不知道他們現在在這兒能做些什麼。我猜，他們應該是會回到自己的家，做自己原來的工作。」

一家人繼續在沉默中吃飯。

＊＊＊＊

同耶穌從加里助亞來的婦女們正在哈巴耳的家吃飯。她們帶著好幾天的食糧，正好讓她們可以在這非常熱情但資源不多的家中用餐。哈巴耳給朝聖者提供了相當乾淨

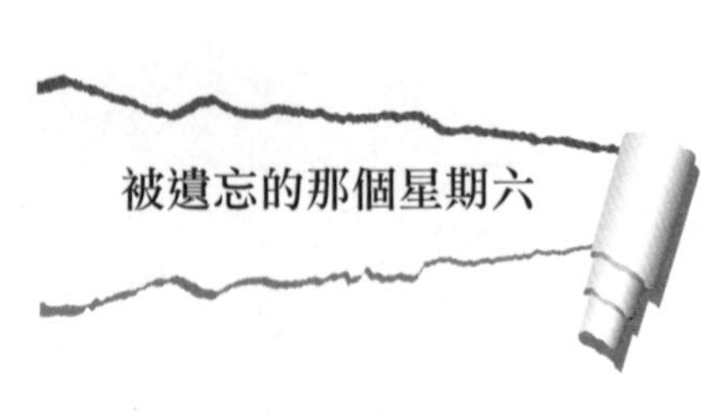

的房間，以及真誠的歡迎，這就是他所能給的。蘇撒納是她們當中較富裕，並且比較不俗氣的一位，於是自然而然地成為她們的代表。為了照顧這些比較沒有處事經驗的女人，她沒有同瑪利亞瑪達肋納一起住。

她們吃飯時，她說：「早上我們沒有去參加祭獻，那也許我們可以參加傍晚的禮儀。」大家似乎都同意。她繼續說：「回來時，可以路過瑪利亞瑪達肋納以及雇撒的太太約安納的家，這樣我們可以具體地一起商量明天的計劃。」婦女們不只深表贊同，更感到興奮。對她們而言，能接觸到其他人，使她們相當喜樂，因為有人可以一同分擔痛苦並分享彼此的感受。

「重要的是，我們要去看看約安納和耶穌的母親瑪利亞。自從前一晚她們跟隨阿黎瑪特雅人若瑟和兩個僕人，去看埋葬耶穌的過程後，就沒再見到她們了，也不知道她們這會兒怎麼樣了。」

「我們還應該買一些香膏。我們出門時，沒想到會用得著。」說著說著撒羅默就哭了起來，暫時得到活力的房間，馬上又陷入一片靜默。

載伯德兒子的母親說：「他們用來包裹的布，質料似乎也不太好。」

「他們也沒想到會發生這種事，所以沒有準備。」雅各伯和若瑟的母親回答。

「我沒有責怪他們。我只是覺得如果找得到，而且我們也還有錢的話，可以買好一點的。」

往事浮現

「是的，以後我們已經無法再為他花什麼錢了。他的門徒會自己想辦法。」蘇撒納這樣說，是因為她有財力，並且願意奉獻在老師身上，正如她長期以來對他的資助。這一番對話使她們有了活力，雖然她們吃得不是很豐富。然後，每個人又回到對他的思念與回憶。特別是回想起他所行的奇蹟，以及他對她們的尊重與親切。

她們都還記得他的教導，因為這些話不是一些抽象的概念，她們甚至不知道什麼是抽象。他的話與她們的生活融合為一，使她們的生活更加多彩多姿，更有熱情，更有意義，對生命更有渴望。

這些回憶引領她們回到那最初的時刻，感覺到自己彷彿正在聽他講話，有些新的，好的事情正在接近，似乎就快要到了，像太陽，明媚的陽光使衣服乾得更快；像水，很乾淨的水，使衣服更加潔白。水源不再那麼遙遠，也不用再如此費力地揉麵團，麵團也不會一下子就變硬了，做出來的麵包相當可口、好吃。往事歷歷在目，每次他經過她們的村莊，帶來友好的問候與溫暖，並且對每一個人都有一份獨特的情感。在她們當中，他總是滿臉笑容。

現在，麵包硬得跟橡皮一樣，太陽不再明亮，一點也不像春天到了，也許是因為

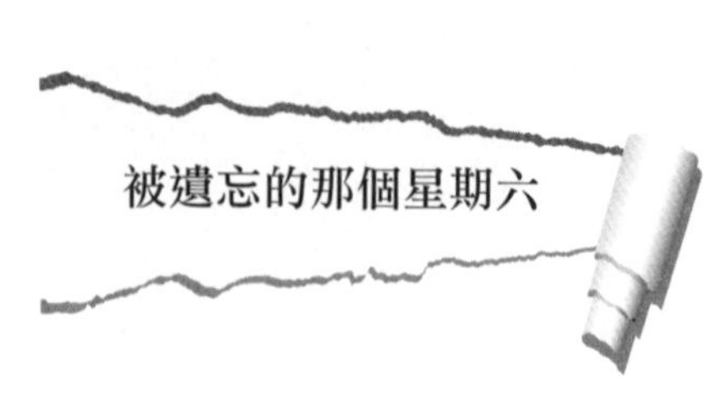

眼中的淚水，或是不足的睡眠。上一夜太長，睡眠卻太少——她們都不願入眠，卻又昏昏欲睡。

＊＊＊＊＊

被在（耶路撒冷）羊門的水池治好的癱子——那個曾被法利塞人責罵「今天是安息日，不許你拿床」（若五10）的人依然躺在床上。

那個「今天」又是一個令人高興的星期六，是嗎？幸運嗎？他自己也不知道！患病多年的他，躺在床上已成了習慣，好像再也離不開它。「它」是他最好的朋友，這些年來唯一的朋友。這並不是說他沒有家人，事實上他有個妻子和兩個孩子，沒能有更多的孩子，就是因為有一天這奇怪的癱病突然降臨了，而他為村子維修道路的工作也就此中斷了。

一段時間之後，全家人為了生活只好搬到耶路撒冷求生存。他的太太在不同的人家工作，為那些經濟較為優渥、但還不是富裕到可以買個奴隸或是婢女的家庭打理家務，像是打水、清掃等等的事情。當他的大兒子年齡稍微大一點了，就開始在遠房親戚的五穀雜糧店工作，兒子日復一日背著沉重的五穀袋子，使他的腰一年又一年的受傷；現在他已經成婚，也有一個比較輕鬆的工作。父親生病時，他偶爾會帶他去水池旁，尤其當水池的水已有很長的時間沒有動時，那就表示下一次水動的時間近了。但是，他還得工作，所以無法一直留在父親的身邊，熟識的人偶爾還會資助他的父親一點生活所需。

只醫身體，沒醫靈魂

那個安息日，這癱子不管法利塞人的爭吵，拿著自己的小床回到家，使家人非常驚訝。那一刻，他是既詫異又興奮地站在自己的家門口。但是，到了第二天問題就出現了，他完全不能適應新的生活，反正新的生活與過去的生活也不會有太大的差別。病了三十八年之久，長久以來無法站立，不只造成身體上的改變，也影響了心理層面。

他二十二歲患病，現在恢復健康卻已經六十歲了。這個家也因此有了改變。很快地，他們發現雖然剛開始他引起許多人的好奇心，但是他身體好了，卻沒有為家庭帶來益處。他年紀大了，已經無法工作，而之前人們同情他的不幸遭遇所給的小額資助這下都沒了。

這個安息日，到了吃飯的時候，他還躺在床上，藉口說：「我在這裡感到非常舒

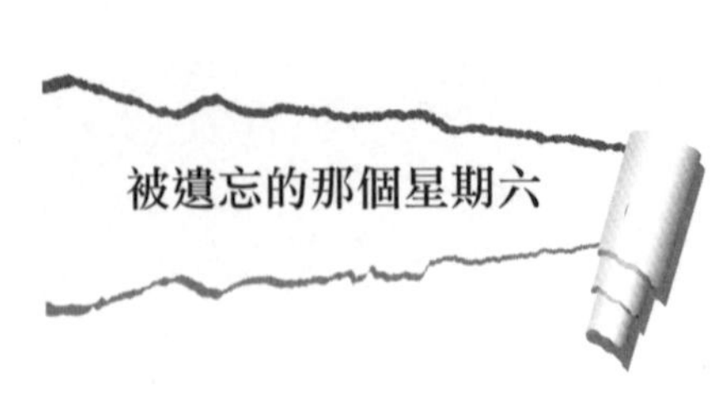

服。」他起身吃飯，但幾乎沒有說一句話，即使在吃飯時，大家提到前一天被釘在十字架上的人，其中的一位就是醫治他的人，他依舊聽若未聞，沒有特別反應。當然，前些日子這是事實；但過些日子他也逐漸忘記了。他不太喜愛也不重視自己的健康，當然也不會感謝那使他康復的人。他的靈魂已葬在他生病的墓地，儘管耶穌打開了他身體的墳墓，但他的靈魂卻沒有離開墓地。他既不誇耀也不悲傷地告訴法利塞人，誰是那位讓他拿起床來行走的人。他一吃完飯，又轉身回到床上。

「誰可以告訴我，把他治好到底有什麼好處？」他的太太萬般無奈的說。

* * * *

回到雅各伯家的三個法利塞人，一進屋就按照傳統的規矩先洗手。**真法利塞人**洗完手立刻擦拭直至手肘，他的朋友都察覺到，他很努力地按著法律與祖先的教導過生活。他們還沒有交談，也許因為嘴裡正唸著進入房子或洗手時該誦唸的經文。

隨後，他們坐了下來，等待即將上桌的午餐（因為是前一天就已準備好的，所以很快就可以開動），在長時間的沉默後，有人提到不知默西亞何時才會來臨。

「我想達尼爾先知預報的『第七個星期』應該很快就要到了。」西滿首先回應。

「我不知道該怎麼跟你們說，其實看你從何時開始計算『已經完成』❼。」雅各伯提出自己的意見。

「不可能！天主的話是不可能落空的！」**真法利塞人**頗為激動，又說：「不可能！時期已滿，卻沒有發生什麼事。」

「我是說，很快就要到了。」

「對，很多人就會利用這點引起暴動。」

「羅馬人對這件事情非常關注，因此每個熱忱者都是危險份子。」

「我不懂，比拉多昨天怎麼會放了巴辣巴。」

「誰叫他自己走進死胡同裡！誰叫他詢問人民的意見。他願意放誰就放誰啊！」西滿的聲音更加大了，因為他們再度觸及方才在路上所談的，不合程序的事情。

直到午餐時，大家都不再作聲，甚至是在用餐時，雖然氣氛不至於緊張，但空氣中似乎彌漫著某種東西，阻礙了他們輕鬆的談話。在沉默中，只有偶然的幾句話。

快要結束用餐時，雅各伯打破沉默，問西滿：「什麼事讓你這麼不高興？」

「有嗎？我不記得了。」

---

❼ 關於本段對話的背景，請參閱《達尼爾先知書（但以理書）》九章24～25節。

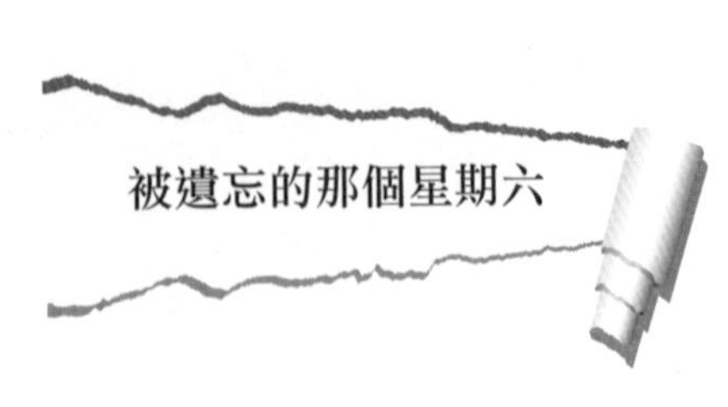

「你不贊成法利塞人在公議會上的態度嗎？」

「很明顯的，對我來說，任何一位猶太人都不應該和羅馬人合作。更何況是交出自己的兄弟。他們說那個人說了些褻瀆的話，我不知道，也許是吧，但這件事本該非常小心處理，因為這取決於是誰聽到了什麼；而且，如果他真的說了些褻瀆的話，那麼我們自有我們的法律，可以在得到總督的許可後，用石頭將他砸死，而不應該是交給羅馬人，讓他受盡羅馬人的折磨，以那些可怕的酷刑、鞭打，最後還被釘在十字架上。

我們可以做任何處置，除了交給羅馬人之外；可以做任何事，除了把他交給比拉多。你看，就連巴辣巴我也不會將他交出，讓他被釘在十字架上；比拉多要關巴辣巴多久，那就關多久，但就是不能將他釘在十字架上。我絕不會忘了亞歷山大雅乃烏斯王在位時❽，許多法利塞人被釘在十字架上的痛苦。」

西滿的聲音既強烈又堅定。所有人再度陷入沉默。

＊＊＊＊

瑪耳基雅、默叔藍、舍瑪黎雅是住在耶路撒冷的三個加里肋亞地主，他們除了擁有土地之外，還做了點生意。瑪耳基雅是好幾艘船的船主，他的船

❽ 亞歷山大雅乃烏斯為王統治是在主前103～76年。

有部分航行於地中海海域，從埃及運送貨物到羅馬；有部分則行駛在愛琴海的各島嶼，做短程的貨物運輸，有時也接送旅客。不過，接送旅客並不是個好買賣，因為羅馬當局要另外抽稅，而且收費額由羅馬人決定。

默叔藍也是個商人，但他的生意不在海上，他的商隊多從紅海將貨品帶到凱撒勒亞，再帶到羅馬帝國的各個地方。有時，他的貨品也由瑪耳基雅的船隻運送。他常開玩笑地向瑪耳基雅說：「雖然不是盡如人意，但總比不認識好。」這樣的玩笑話，瑪耳基雅未必能欣然接受。他和納巴泰王的關係良好，因此交通更加容易，當然該付的錢也少不了。

舍瑪黎雅則是做固定生意，在耶路撒冷賣一些高檔物品，某個方面來說，他是瑪耳基雅和默叔藍的客戶，因此三人建立了友誼。除此之外，他們共同的興趣就是在加里肋亞的地產。

生意人受到威脅

這一天，逾越節的安息日，他們趁著彼此都在耶路撒冷過節時，一同吃午飯，為

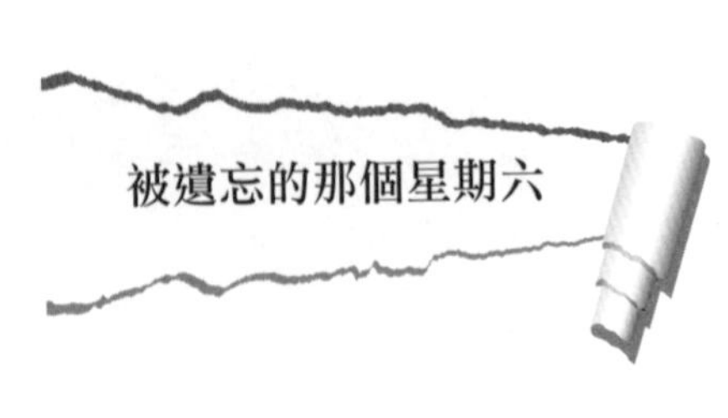

了慶祝上主解放了以色列（默叔藍諷刺說：「希望下次的解放不會太快到來。」他們對自己的生活狀態感到相當滿意，並不想要有任何強而有力的改變）。他們特別向天主祈求自己事業上的成功，好讓他們可以提供更多的工作給人民（還有薪水、還有報酬……他們心中不斷地盤算著）。

「今年穀物收成似乎不太好」瑪耳基雅說。

「最近，你去過那裡了嗎？」舍瑪黎雅詢問。

「對，為了處理我的一艘船，我不得不去凱撒勒亞一趟。所以路過厄斯得隆平原和周圍的林地。」

「那麼，牲畜呢？」默叔藍關心的問，因為在這一方面他有不少投資：「草場可以維持到秋天嗎？」

「我想應該可以，而且，葡萄的生長也很順利。只要今年的春天多下點雨，然後夏天別下雨，我們就會有一個很好的收成，來彌補小麥欠收的損失。當然，希望不會有冰雹來毀壞這些作物。」

「昨天，已經放下我們心中的大石頭。那個繼續不斷地責備有錢人的講道人……拜託，他居然教導管家欺騙主人。」

「對，給人民一點希望是好，但要小心，不要使人民情緒過於激動。」

「難道，你們不覺得我們做得有點太過份了嗎？我同意應該給他一點警告。但是，把他釘在十字架上……要我舉手表決處死他，我實在很為難。」

「當然，我們可以不採用這麼暴力的作法。可是，到了緊要關頭…萬一他威脅到我們的利益，使我們的努力付之一炬……。」

「但有必要把他釘在十字架上嗎？」

「這是司祭的事，不要忘了，我們只是平民，如此才能繼承以色列一部份的地產❾，還是滿豐富的一部份。」他們哈哈大笑，繼續享受他們豐富的午餐，以及來自地中海各地的葡萄酒。這些酒是瑪耳基雅的船隻運來的，然後由舍瑪黎雅經銷。

＊＊＊＊＊

阿黎瑪特雅人若瑟對耶穌的埋葬也不是很滿意，他清楚知道，自己必須符合羅馬人許可的窄路，不能有太多的禮遇，他確實一絲不苟的依循這些規定。後來，他想到也許可以做得更好一些，等過一段時間，但不能太久，否則屍體會開始腐爛，那天所敷的香膏無法延續很長的時間，所以，必須快點動作。並且，他也希望自己能夠盡早回到家鄉。

吃午飯時，他一直在想這件事。也許，今晚可以同尼苛德摩談談…

❾ 司祭屬於肋未支派，不能有土地，因為「上主是他們的產業」參閱戶十八20。

＊＊＊＊＊

「你不要再哭了，免得又要失明了。」盧德憂慮地勸著兒子。

「現在，要用眼睛看什麼呢？」兒子以瘖啞、幾乎聽不到的聲音回答。

幾個月前，耶穌治好了他。當時，因為耶穌在安息日攪和泥土治好他，引起了和法利塞人之間的衝突。從那時起，他傾全心於耶穌——治好他的那一位。幾天以前，耶穌進入耶路撒冷，使他相當高興。他每天都會到聖殿聆聽耶穌的講道，他看到耶穌驅逐商人，他也聽到耶穌對大司祭、經師和長老所講的比喻。他在聖殿聽到耶穌同法利塞人和撒杜塞人的辯論，也聽他讚美那位貧窮而慷慨的寡婦。

後來，他發現猶太人的領袖對耶穌的陰謀，他們企圖以百姓的壓力來說服總督。那時，他不斷地、努力地喊叫，勸告百姓不要相信司祭的話。耶穌是個好人，耶穌治好了他。可是，卻沒有用。那天，百姓一點也不願意聽他說被治好的故事，雖然這幾個月來，他已講過無數次了。因此，他唯一能做，而且不得不做的就是大聲地叫喊。最後，他什麼也沒得到，除了沙啞的聲音。這位生來瞎眼的人，無法驅除腦海中的圖像，它一遍又一遍地像傳送帶般地出現。不過，他也同意母親的話，讓自己藉著吃飯分散一下注意力。他想要尋找耶穌的門徒，看看他們是不是還是一個團體，他想加入他們。他不願意自己獨自一人，逐漸淡忘了對那一位的記憶，他欠那位這麼多，卻為他做得這麼少……只不過為他喊叫幾聲。

* * * * *

雖然太太在一旁不斷地提醒與要求，仍無法讓尼苛德摩撇開思緒好好專心吃飯。平時，他的孩子與親友們常常會在安息日來家裏一同吃飯，今天卻一個也沒到，他為此感到慶幸，因為這樣他可以繼續冷靜思考。他開始明白前一天所發生的事有什麼涵意——也不是說已完全理解，但至少已經意識到這件事，比表面上所看到的更深奧。

現在，他很懊悔自己前一天沒去買一百斤沒藥及沉香調和的香料，來敷抹耶穌的身體，他決心趕快彌補這個疏失，等這個晚上，安息日一過，他會立刻到舍瑪黎雅的店裡去買，他也會通知婦女們一早就到墳墓等候，以完成前一天該做的工作。前一天，對耶穌的安葬大概太過粗糙，因為當時已經快要接近夜晚，安息日快要到了，時間緊迫。不過，現在可以很快地彌補這個疏失。他把自己的打算告訴太太，雖然太太認為這麼做花費太多、量也太多，而且又那麼重，但他只覺得自己早該這麼做。

* * * * *

依斯加略（克黎約特）人西滿現在住在耶路撒冷，正同家人們在餐桌上用餐，包括他許久不見的兒子猶達斯。他們平靜地享用午餐，直到用餐結束。

關於「默西亞的夢」

飯後，西滿問猶達斯：「你已經睡醒了嗎？」猶達斯看起來一夜沒睡，他幾乎是快天亮才上床睡覺，而他的父親注意到，午飯前他就已經醒來好一會了。

「我幾乎整夜沒睡。」

「我知道。」父親回答：

「不過，你早上睡了一會。但是，我是問：『你的夢醒了嗎？』」猶達斯瞪大了眼睛問：

「什麼夢？」

「說吧！猶達斯，別轉移話題。你這麼久沒回家了，現在你回家一定有什麼原因。你已經有一年多沒有回來了。你的夢一定非常強烈，使你離家那麼久。」猶達斯原希望繼續裝糊塗，他知道早晚會談到這件事，可是他還不急著說。現在，父親又更具體地指出：

「關於你的『默西亞的夢』啊？」

「默西亞的夢，我早就醒了。現在，我更從我們領袖的惡夢中醒來，整個公議會都是些笨蛋。他們什麼都不懂，眼睛裡只看到他們每天能賺的收入。司祭殺掉耶穌，只因為有一天，他推翻了兌換錢幣的桌子，趕走了聖殿裏買賣牛、羊的商人。他們只看到自己的銅幣、德納逐漸消失，他們的眼界只是如此而已；法利塞人對此沉默以對，並且心裏還暗自高興，這樣正好可以向耶穌算帳，因為他曾抨擊他們的言行；而長老——那些加里肋亞的地主們也是大聲贊成、大力鼓掌，因為他們認為百姓已經浪費太多時間去聆聽他的道理，而疏忽了他們的物業、地產。假如你問我，我會告訴你，把耶穌釘在十字架上是不必要的罪。更糟糕的是，不只沒有益處，而是相當不利的舉動，不是因為他是默西亞，我已經跟你說過了，我早就從這個夢醒來很久了，而是因為他沒有做錯任何事，相反的，他做了許多的好事，他是有益的、有用的。」

全家人都全神貫注地聆聽猶達斯的話，他們既感興趣，又覺訝異。他們從小就認識他，他是他們家中最聰明的一個。父親為了他，舉家搬到耶路撒冷，好使他可以得到更好的教育，父親總是不遺餘力，沒有任何保留地培育他。因此，猶達斯不但能讀懂經典，也精通希臘文和拉丁文。他有著相當好的演說技巧，如同此時所展現的。

「再說，我仍然承認天主派遣他。所有他做的，怎麼做，以及如何生活，都使人留下深刻的印象。正因如此，我雖然對他不是默西亞感到失望，但仍然沒辦法離開他，他強烈地吸引我，特別是他的善良、簡單。」

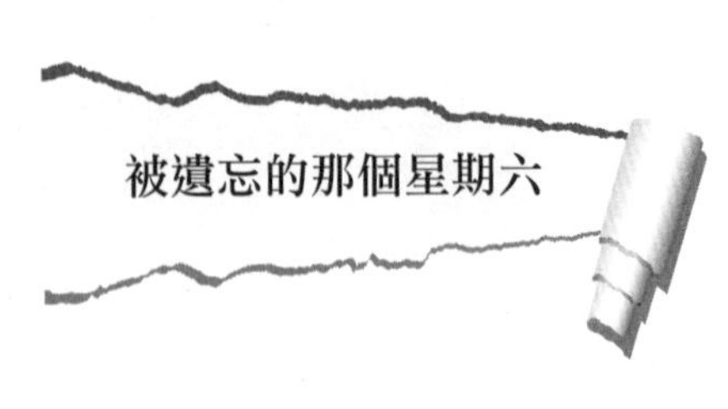

「聽起來，好像你是他的門徒之一。」

「我講的可能比其他人都還要好。因為我曾是他的門徒，而我其他的同伴完全沒有人了解他，居然和公議會的人一樣，還在討論誰的職位高，誰的職位低；談論跟著他能有什麼益處。他們眼界短淺，又像在霧裡看花，明明他們的眼前就有一個大太陽。」

「就是因為這個緣故，你就跟他這麼久嗎？」

猶達斯的計劃

「嗯，也不完全是，我也有我的計劃。我認為聖殿和法律的詮釋，還有很多可以改善的空間，耶穌在這方面能有很大的貢獻。我自己許多次親眼看到、親耳聽到他的教導，於是愈來愈喜歡他的思想。他對法律的解釋與應用，比那些經師，尤其是鄉下的經師們，好上幾百倍。

另一方面，我不是個『熱忱者』，但，我認為羅馬人在這裏起不了什麼作用，如果不是我們每一個人都走自己的路，都尋求自己的益處——如同我們現在所做的。假如我們願意，一切都可能改變⋯我們都能過幸福快樂的生活。」

「那麼，你只關心人民的益處？」猶達斯不好意思並且狡猾地笑。他的父親真了解他，在父親面前他不可能、也不需要隱藏自己，他繼續坦白地說：

「我剛才說了，我有我的計劃。漸漸地，我意識到除了我之外，沒有人知道他巨大的潛力。同時，我發現這就是我該做的角色。或許，他選了我，正是因為這個緣故；又或許，連他自己也不知道，我能提供的貢獻，是團體中其他同伴所不能做的，無論是其他那十一個常與他在一起的，或是那些跟隨他的較大的團體。我能做他與公議會之間的橋樑，我能給雙方一些有利的解釋，我能居中協商，然後幫助彼此做筆交易。」

「你的計劃失敗了，所以出賣他嗎？」

「我沒有出賣他。對，沒錯，我是把他交出，把他交在他們的手裏，這是事實。可是，不是為了讓他們殺掉他，而是想讓他們利用他，使全民得到益處。聽說，有一次公議會中，蓋法提到說，要追求全人民的益處。這就是我想要追求的。現在，我知道自己被利用了。就是這個原因，使我非常生氣，讓我徹夜難眠。我原本以為我有權利期望人民的大司祭如果不能公義和聖善，那麼至少該是個聰明人。可惜，事實正好相反。」

「現在，那個納匝肋人已經死了。對了！你怎麼看他要復活的傳聞？」

「嗯！就在那個時候，我完全明白，肯定他不是默西亞。那時，他預言了自己的死亡，而且準確無誤。他一點都不笨，他知道自己的訊息只是表面上被接受，這個平衡隨時有可能被破壞。正因如此，我不得不驅使自己加快速度。我本來想等逾越節過後，當總督遠在凱撒勒雅宮殿時再進行。那時，雙方就有時間好好做個交易。不過，

發生了聖殿事件，我發現司祭長決定除掉他，所以我只好趕快跟他們聯絡，並且和他們約定：『我把他交給你們之後，我們談話。』沒想到，一切只是一場騙局。」

「我要問的是『復活』？」

「我正要講。復活的預報、聖殿的事件，這不是很必要的言論與行動，卻促使事情發生了。我不知道該怎麼說才好，好像耶穌相信自己多於他所說的和別人所懂的。那他到底相信自己是誰呢？我永遠也不會知道。有一次，他問我們：『你們說我是誰？』有人說：『你是默西亞』。當然不是我說的，那時我已經開始懷疑了。他從來沒有告訴我們他自己是誰，至少，他沒有說得很清楚，好使我們能懂得。」

「現在你打算怎麼辦？」

「我並沒有浪費時間跟隨他。他了解我，了解我比其他人更有能力，所以把團體的錢交給我，而不是瑪竇，那個一輩子在錢堆打滾的人……也許也是因為這個原因。所以，我既然有錢，就可以儲蓄下來，再加上烏黎雅給我的一些錢，就可以做一筆好的投資。一想起烏黎雅，我記得我的第一個反應，就是想把他給的錢袋往他的臉上扔過去……或是把錢丟在聖殿……。在橄欖園有一塊土地，不是很大，但有間房，聽說要賣。我已經去看過好幾次了，因為耶穌常常去橄欖園。今天下午我要再仔細看一看，也許能和地主商量個好價格……」

耶穌的屍體靜穆的躺在墳墓裡的石板上，已無氣息。潔白的殮布包裹著傷痕累累的身體，汗巾覆蓋著臉龐，安詳的面容，彷彿不曾經歷那場椎心刺骨的苦難。眾人在前一天傍晚便已匆匆離去，獨留耶穌……

第五章：下午

耶穌的屍體靜穆的躺在墳墓裡的石板上，已無氣息。潔白的殮布包裹著傷痕累累的身體，汗巾覆蓋著臉龐，安詳的面容，彷彿不曾經歷那場椎心刺骨的苦難。眾人在前一天傍晚便已匆匆離去，獨留耶穌……

多默向眾人聲明自己決定離開，使屋裏氣氛更加沉重了。頓時，整個房間就像烏雲籠罩一般，所有人都不得不注意到自己此時此刻的處境，但事實上，大家都不知道該何去何從。他們心裡或多或少知道，應該要回到自己原來的生活。在他們當中，瑪竇是最不容易的，因為葛法翁的稅務長絕對不會讓他再回到稅務機關的工作崗位上。那一天，他十分不滿瑪竇的離職，就連瑪竇特別邀請他參加同事們為他舉辦的告別宴會時，他也沒給他什麼好臉色看。不過，無論如何家人一定會歡迎他回來的，因為他們過著富裕的生活，接納他應該不成問題。至於西滿伯多祿和安德肋，可以和載伯德的兒子雅各伯還有他的弟兄若望，重新回到工作夥伴的關係，而且因著過往的共同經驗，會使他們彼此更加親密。面對未來，他們再清楚不過了。他們之中，若有人遇到工作上的困難，他們也會向他伸出援手，給他一個工作機會。可是，再怎麼說，那也是之後的事，必須要等到整個大環境平靜了，他們才可以平安地離開。

多默堅定地決心離開，他不明白為什麼大家還不走，他大聲詢問眾人。他發問，並不是因為自己需要獲得認同或是想找個伴一起離開，單純地只是因為感到納悶：

「我要走了，你們還不打算走嗎？為什麼不走呢？」

等候他幾天

「我真的不知道要去哪？所以，我不急著走。而且，我不認為，有需要為了離開而離開。在團體中，我們可以彼此支持⋯」巴爾多祿茂經過各方面的考慮後提出自己的看法。斐理伯也表示贊同，他也覺得和大家在一起比較安全。不過，他能理解多默的想法，他自己也不懂他們為什麼要待在這裏，在這風聲鶴唳的耶路撒冷城。

「我認為我們應該在這裡等幾天。」伯多祿以堅定且平靜的口吻說。門徒們對此都感到訝異，疑惑他怎麼能這麼快就面對自己在耶穌被補的那晚否認他的愧疚感，那是多麼大的精神創傷。當天伯多祿和大家碰面時，他已向他們坦承一切。

「為什麼？」多默質疑地問。

「我也不知道為什麼。但是，我記得老師曾要我們等候幾天⋯」

「伯多祿！」多默不只是在質疑，而且是幾近咆哮的嘲諷，因為在伯多祿說明自己的軟弱後，他非常不認可地說：

「憑你！你以為，你還有資格等他嗎？」

「對，就是因為那件事。所以，我正是那個最應該等他的人。而且，我有義務鼓勵你們也等他⋯就幾天。」

「你們要等自己等吧！你無法說服我。」多默緊繃著臉，不高興地坐在角落。他

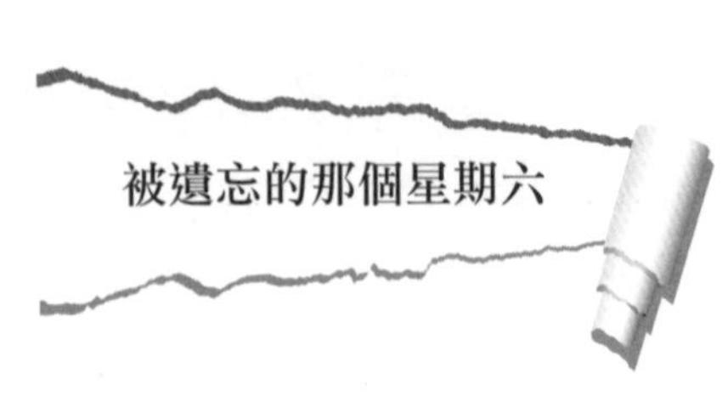

看著地板，決定把自己孤立於其他人之外，免得受到團體的影響而動搖。其他人一個個進入自己的思緒中。多默認為這裏可能是個陷阱，就像捕鼠器一樣，也許根本就是！儘管，現在是四月初的午後，太陽不再直曬，但封閉的屋子卻相當悶熱，簡直和烤爐沒兩樣。憂慮、悶熱、不知所措，這一切都讓門徒們一個一個又昏睡了。

* * * *

比拉多吃得很簡單。雖然他是個待遇優渥的公務員，不過之前參加過軍隊，因此還保留著軍隊的儉樸習慣。此外，他知道自己今晚是東道主，必須為自己的肚子保留一點空間。而且，波庫拉所準備的菜色相當有吸引力，令人期待。

保護墳墓，到底該不該？

席間，他同太太談起墳墓的事情。他認為自己與大司祭談話時，態度似乎太過柔和了，現在想來真有點後悔：「根本太荒謬了！羅馬總督竟然同意與他們合作保護一個墳墓…而原因只不過是因為，不知道從哪裡冒出來的謠言。」一開始，他以為只是玩笑話，事實上也是。現在他冷靜地想想，發現一切根本沒頭沒尾的，而自己也錯失機會向大司祭表達自己對他們的詭計的看法。而且，如果總督應該要尊重大司祭，因為他代表了全人民；那麼大司祭也應該要尊重他，因為他代表了羅馬的權威。「唉！現在談這些已經沒什麼意義了。」他開始機械式地吃飯，甚至比平常更加迅速，彷彿想要盡快結束、停止思考這個問題。

但飯後這個問題並沒有離開他的思緒。現在，他坐在舒適的椅子上，喝著難喝的飲料，純粹因為太太宣稱這是幫助消化、有益健康的飲料，但他還是無法消化這個問題。他完全理解，也可以體會穆雷納的不悅，當他下命令要他前往封墓、蓋印時。現在，他真想自己走去撕掉封條，取消許可，並且撤銷守衛的士兵，他自言自語：

「如果他們要的話，讓司祭們自己去看守。我有什麼理由或目的要這樣做，反正為了避免死人復活，四個司祭已經足夠…難道你不覺得嗎，波庫拉？」她似乎自己也在想些什麼，驚訝地問：

「什麼？對不起，你說什麼？」於是，比拉多緩慢地，有耐心地再說一次，並感到自己說的有理：

「為了避免死人復活，四個司祭就足夠了。」

太太的回應完全出乎他的意料之外：

「為什麼要避免他復活？」

「我不懂。」

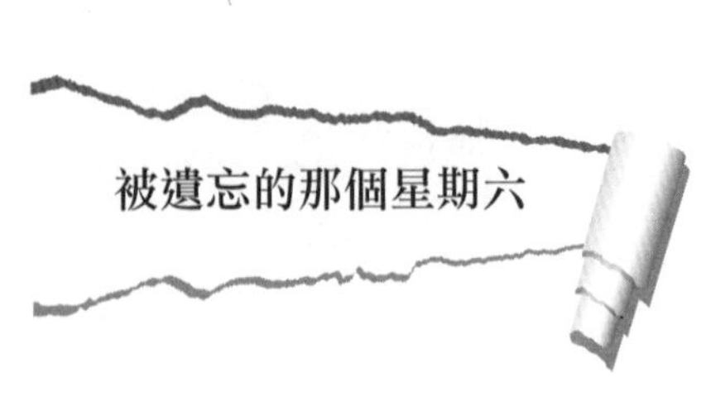

「我的意思是說，為什麼要避免他復活呢？假如你昨天聽我的話，今天也不會有這些煩惱。」

「但你認為他會復活嗎？我真沒想到這個民族的謠言居然會影響到你。是你那些會拉丁文、當我們在耶路撒冷時，有時會來拜訪你的朋友們跟你說的嗎？」

「沒有人跟我說。可是，昨天我已經差人清楚地告訴你，在還有時間、還有機會的時候，我說：『他是一個義人。』假如他是一個義人也不應該死，那麼也不用驚訝他會死而復活。這也不是第一次我們的神會介入……我記得色列斯（穀物女神）……阿多尼斯……」

「波庫拉！我不但同你一樣知道我們的神的故事，而且應該比你懂。至少，我不需要你為我舉例。」比拉多有點惱火，他認為波庫拉真是糊塗，但他不願意讓彼此動怒。因為再過不久，幾個鐘頭後，他們將有個宴會，他們應該面帶微笑、幸福地出現在客人面前。因此，他轉而以輕鬆的口吻說：

「無論如何，我不覺得現在是合適的時間點讓神介入。至少我不會要求。」

「好！我也不求。」波庫拉也以妥協的態度回應。儘管比拉多改變了自己的語氣，不過經過這一番對話，使他不得不重新思考，也許蓋法的考慮有他的道理。雖然，他們都認為復活是不可能的，但是重點是要避免復活一說所造成的誤會。畢竟，從任何角度來看，都很可能造成誤會，剛剛他自己的太太就說了，就連他們的神也給

第五章：下午

了復活傳言的可能理由。比拉多心想這是多麼大的諷刺，他輕蔑地笑了一笑。波庫拉靜靜地離開。比拉多在椅子上漸漸地闔上眼，他今天很早就醒了，昨晚也沒睡好，他慢慢地進入夢鄉。

* * * * *

亞納斯正在房間休息。他坐在上午吃飯以前，蓋法所看到他的那張凳子上，他並沒有入睡，大部份的時間腦子不斷地思索，偶爾打盹一下。他感到不安，卻不知道為什麼。他的女婿做得對，而且也是自己建議的。似乎一切都順利完成了，可是他仍感到有些隱憂，他也說不上是為什麼，他明明已經將所能想到的各個方面，都早一步處理了。不過，空氣中好像還瀰漫著些什麼…到底是什麼？他閉上眼睛，要求自己不要再想了。過了一會，他成功地睡著了，但睡得不是很平穩，好久以前就已經如此了。

* * * * *

瑪利亞瑪達肋納和耶穌的母親瑪利亞坐在方才吃午餐的桌子旁。而約安納則根本沒有起來午餐。她們各自沉浸在自己的思緒之中。突然，瑪達肋納問：

「瑪利亞，你在想什麼？」

「我還記得，大約二年前，他要離開我，離開納匝肋的情景。我從來沒有想過事情會演變成這樣的結果。」

道別的時刻

「你有沒有想過，會有一天要告別？」

「或許有…也或許沒有。一開始，我就知道遲早有一天要面對。我知道他是我的兒子，但我也知道他不是為我而來…從一開始，我就很清楚也接受這一點。而且，他的誕生、他的生活方式，都繼續不斷地提醒我這一點。是的，我意料得到。但是，隨著時間的推移，我漸漸地不再明白了，畢竟我怎麼能知道什麼是天主的計劃。」

「很突然嗎？」

「若瑟過世之後，他改變了不少。他漸漸長大成為一個道道地地的青年，卻從未提起過婚事，所有的心力都放在我們的家和他的工作。若瑟走後，他更加沉默寡言，彷彿在尋找什麼，渴望更透徹地了解自己。有一天，我見到他興高采烈，似乎找到答案了。他比平常更加熱情地向我說，他聽說有個人叫做若翰，在約旦河、猶太的沙漠為人施洗，他想去。他說他不知道自己會不會再回來或是何時回來。天主引領他到那邊，他的生活將因此會有大大的改變。一連幾天，他同親人們話別，並且為我安排往後的生活。一切安排妥當後，他隔天早上就準備離開。」

「他不要我為他在路上準備任何東西。他告訴我說，天主照顧天上的飛鳥和田中的花朵，更會照顧他。那天早晨告別時，他用力地擁抱著我說：『謝謝你給我的一切，有一天我會報答你，以你想不到的方式。』我一方面認為這是一句很自然的話，另一方面又覺得自己的兒子說的話不太自然。但是，這就是他⋯⋯誰真正認識他呢？他感謝我，感謝我沒有哭泣。唉⋯⋯是啊！我是沒有在他面前流淚，但在他離開家門後，在看不見他的彎路⋯⋯我想他大概也一樣。同樣地，我也感謝他沒有讓那個時刻變得難以忍受。」當兩個女人在談話時，雇撒的太太約安納靜靜地站在一旁，聽著瑪利亞的敘述。這些回憶，使他們從前一天的痛苦中，稍稍得到慰藉。因此，約安納雖然到了，卻只是靜靜聽著，不願打斷瑪利亞的回憶，她也需要透過瑪利亞溫柔的眼光、平靜的面容、她慢慢地敘述的樣子，以及經由她敘述使她們看到的畫面，得到安慰。經過一段時間，為了鼓勵瑪利亞繼續回憶，她大聲地問道：

納匝肋的耶穌

「瑪利亞，請告訴我們，四處宣講前的耶穌，在納匝肋那麼多年的他是什麼樣子的？」

「最重要的事你們已經知道了，因為早已傳開了。就是他十二歲時，第一次上耶路撒冷過節。」兩個婦女點點頭。

「那不是個意外，也不是一般孩子的惡作劇，或是孩子為了表現自己已經長大的叛逆行為；更不是鄉下孩子第一次進城想要延長待在城市裡的時間。在你還沒來之前，我剛和瑪達肋納說了，很久以前我就在等待有一天他會離開我。從一開始我就知道，而他十二歲的那件事使我更加清楚地明白了。」

「他回到納匝肋後，一切如昔。他開始幫助若瑟的工作，越來越少時間與同伴玩耍，因為他了解自己應該要多幫忙。他對家很有責任感，而且有好的手藝，對學習充滿興趣。每當他做了什麼，就會叫我看，然後對我說：『媽媽，你看！這是我剛做好的，我一個人完成的。』我望向若瑟，若瑟點點頭表示的確如此。很快的，他已經從學徒成為見習技工，如果我說他已成為木匠師父，你們一定會說，這是母親的自豪，但事實上真是如此。他十六歲時，他已經可以獨立作業；十八歲時，若瑟已把他當作工作夥伴。」

「他也熱愛他的工作。我還記得他第一次離開我的身邊，那時他們應該去到迦納的親戚家，因為他們的長子快要成親，急需一個新房子，所以，他們必須外出工作好一陣子。（後來，耶穌和我也參加了他們最小兒子成婚的宴會，那時若瑟已經不在了。）他滿懷熱忱地離開，好像覺得自己已經長大了，回來後，欲罷不能地講他在路上的所見所聞。（路上，他們碰到一隊羅馬士兵，若瑟一點也不喜歡他們，對他們沒有給予太多的關注。）他還描述自己一個人做了些什麼工作。但在這之前，他先擁抱我，他擁抱的力量大得幾乎快要勒斷我兩根肋骨，他似乎沒有意識到自己的力量有多麼大。」

「另外，還有他的家、他的工作。偶爾他和兒時的朋友，已在農田裏工作的朋友一同談話：他去會堂，背誦經句、聖詠。他從小就和村裏的經師學習，也有很好的記憶力。那位經師真是個可愛的老人家，每次看到我，就會對我說：『瑪利亞，你不知道你擁有多麼優秀的寶貝！這個孩子，一定可以走得很遠。是啊！真的走得很遠，直到耶路撒冷。』提到這件事，整個房間好像黯然失色一樣，把婦女們又拉回現實，拉回此時此刻，他們想念的那位死後的第二天。

* * * * *

阿黎瑪特雅人若瑟還沒回到自己的村莊。事實上，他總是會有一段時間住在耶路撒冷，因為他也在城裏做些生意。反正，他的村莊位於丘陵邊，離耶路撒冷也不遠，因此他時常往來兩地之間。他喜歡及時了解農作物的生長情況，也經常巡視自己提供給旅客、商隊停歇的旅店；他也關心耶路撒冷所發生的大小事，因為做為公議會的一員，他有義務如此，不能太過仰賴司祭們的管理（他們已經不同於過去的司祭）。儘管在公議會裏，他屬於較年長的一輩（長老——大部分是撒杜塞人），但他的心態更接近於法利塞人，至少是比較開放的法利塞人。他不太認識耶穌，只知道他與人民相當親近，但現今的司祭和長老卻沒有他這樣的態度；他也欣賞耶穌接納所有的人，這些都正好與剛直的法利塞人相反。若要說阿黎瑪特雅人若瑟認為自己是那加里肋亞人的門徒，這可能過分了些，不過他自己真的對這人深表認同。

最後那幾個小時，他應該公開地表達立場。他相當惱怒公議會判耶穌死罪的決定，他贊同尼苛德摩為了給耶穌澄清的機會而做的努力，但大部份公議會的成員卻一點也不妥協、不讓步，就像一些兇猛的野獸只想把耶穌生吞活剝似的。所以，他沒有參與表決，他清楚地看到其他人的憤怒與嘲笑，他同情他們。他非但不怕他們，他們的行為還刺激了他，因此他去見比拉多，向他要求要埋葬耶穌的屍體，給他一個不算隆重但至少體面的葬禮。現在想想，他這個舉動相當勇敢，因為他根本不認識比拉多，雖然有時候會送些自己葡萄園裏最好的葡萄給他。比較剛直的人責備他：「不應該給這個人送麵包或鹽什麼東西的。」他則回答他們：「可以送些葡萄。」他笑了起來，好像這是最近才發生的事。他當然不滿意只是這樣簡單的安葬了耶穌，但安息日就快到，同時又有羅馬人的懷疑與監視。他也想為耶穌做得更多，但卻想不到要做什麼，而且時間不能拖延太久，很快就要到第三天了⋯⋯

這時，僕人前來報告墳墓外站了些衛兵，有聖殿的守衛和羅馬的輔助兵，也有一些司祭。一開始，阿黎瑪特雅人若瑟想要表達抗議，反對他們插手，因為墓是他私人的，沒有人有權利干涉；後來，他又再想了一會，意識到，實際上在墓地的周圍站一些衛兵並不違法，雖然，這使得他的計劃更加不便，但他決定不改變現狀，以免發生更糟的局面。現在，他更加肯定要去找尼苛德摩，一起討論該怎麼做。

*****

午睡後，比拉多感到自己精神多了，決定去看看當季的報告書寫得如何了。他一走近，就聽到穆雷納正以他所喜好的、誇大的言詞朗誦。這樣的文體他至少唸過不下千次：那著名的律師曾如何為他的祖先辯護。這段故事不斷地在他們家被朗讀。隨著朗讀次數的增多，原本冗長的段落，他已可以帶著韻律與節奏很流暢地唸出。總督不願意打斷這段朗誦，他耐心地等待以“esse videatur”結束這一個段落。他微笑地聆聽熟悉的語調：多麼有羅馬的味道，這使得放逐猶太地區的金色（有錢有權）總督格外懷念。不知不覺地，他理一理自己的長袍，好似自己身處羅馬廣場。他靜靜地等待，直到抄寫員完成最後一句話。當穆雷納要開始下一段時，他打岔說：

「讓我看看你寫了些什麼。」穆雷納點點頭，讓抄寫員唸出報告書的內容。比拉多拉了張椅子反坐，為了能將自己的手甚至是頭靠在椅背上，就像靠在欄杆一樣。抄寫員

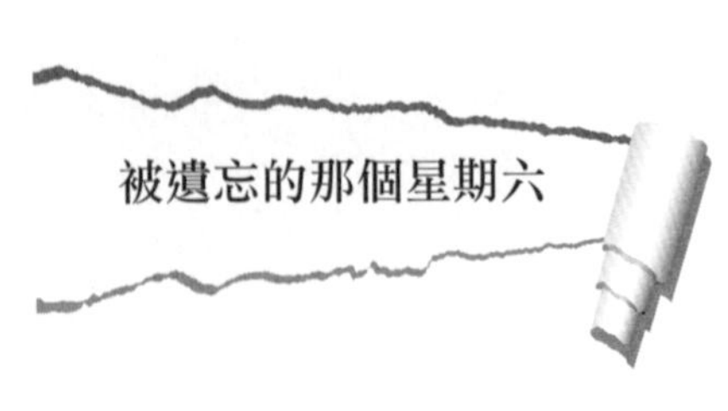

一字一句唸得很好，雖然其中有二、三個字發錯重音，使比拉多皺一下眉頭。聽得出來，他不是羅馬人。不過，他很驚訝穆雷納並沒有更正他的發音，也許是出於尊重他。

要給羅馬好的印象

一段時間後，比拉多說：

「很好，我很滿意。你清楚地表達這個省份一切平安無事。這是羅馬中央最想聽到的消息，他們最不希望見到的就是遙遠的地方發生什麼事，因為他們自己的問題已經太多了。」穆雷納回以微笑，彷彿在說：「我知道我做得好。」他大聲說：

「這樣也可以免去解釋為什麼你昨天釋放一名已定死罪的囚犯，並且給另一個不知犯下何罪的人執行死刑。」比拉多對這樣的暗示感到不悅，迅速換了個話題：

「在這上下文中，是不是應該加上我和納巴泰王在赫貝龍的會晤？」比拉多盡可能的想爭取在報告裏出現的機會。

「這次的會面不是你要求的？這好像是在要求人支持似的，我怕此舉有損羅馬的尊嚴。」

「好，也沒有必要寫得太仔細。」比拉多戰略性的妥協，然後接著說：

「重要的是，那毫不節制又魯莽的黑落德所引起的問題，造成了羅馬與聯盟國之間的緊張關係，目前已經克服了。」他命令抄寫員繼續唸下去，直到拉丁文的結束語詞“esse videatur”：

「你怎麼沒有提到輸水拱橋！」比拉多帶著責備的語氣，很驚訝地說。

「當我們完工時，就在去年夏天的報告書提過了。」穆雷納解釋。

「但是，我們不是前一月才舉行完工典禮的嗎？」

「你該不會想要再次提到我們不得不使用武力平息民怨，因為做這個工程之前，我們得先徵收人民的錢…」穆雷納淡定的答腔，卻惹怒了比拉多：

「算了！算了！去年寫了就好。」他繼續說：

「你向羅馬中央承諾提供一萬石小麥可行嗎？依目前的情況來看，今年小麥的收成似乎不會太好。我會說今年收成普普，不過一旦等我們要徵收時，人民必定是說今年收成很慘。」

「我已經很謹慎小心地說本地度量的單位：石。在羅馬，誰知道一石是多少！最要緊的是，當他們唸報告書時，會對數字留下印象。若有人提出異議，我們就說：『一石就等於我們送到羅馬小麥的數量的萬分之一。』所以，我們的確是給了我們所承諾的數量。並且，我們之所以會採用這個度量，那是因為在這裏我們就是以這個度量來徵收的…」

「你的確各方面都想得周到。」穆雷納微笑了。比拉多不再多說什麼，打算離

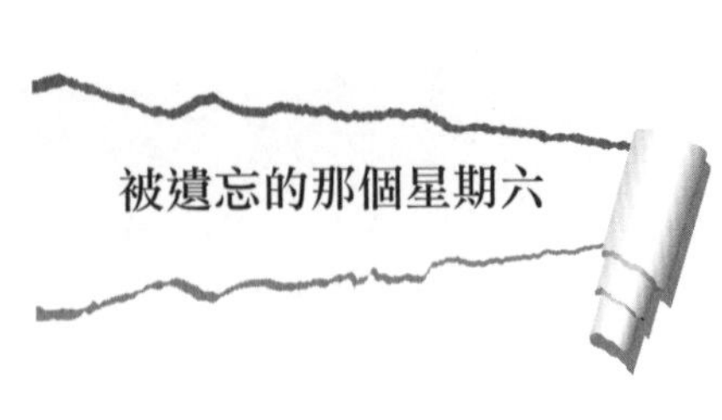

開，為等會兒的晚宴做準備。離開前，他提醒穆雷納說：

「對了，別忘了我們今晚的宴會。」

＊＊＊＊＊

真法利塞人和朋友西滿在雅各伯家吃完午餐，又稍微談了些話之後才離開。他們沒有特別聊到什麼事，只是鼓勵彼此繼續奉行天主的法律，並祈求天主派遣那位好像很快要到，但卻還沒來的默西亞。他們相約下次在滿了七七節，也就是五旬節時再碰面。那時他們已收完田中的穀物，似乎今年的收成不怎麼好。不過，**真法利塞人**卻認為也不算壞，因為今年葡萄的收成看起來還不錯。總之，他感謝並祈求天主使他有個相當好的葡萄園。

＊＊＊＊＊

如同在吃飯時向父親所說的，猶達斯一過中午就出門去看橄欖山上的一塊出售地。他輕鬆地走在空蕩蕩的耶路撒冷街上，他全部的心思都放在那塊地上，並沒有特別注意自己走的道路。突然，當他一個轉彎，無意中發現眼前出現的房子，正是兩天前自己和耶穌一同用餐的地方，這原是他以為這輩子最重要的聚會——與耶穌共度最後晚餐——的所在地。一看到這房子，他完全嚇呆了，一動也不動地站著，他並不是睹物思情，因為他早已克服了感傷。但是，這個房子彷彿讓他重回到一個已經離他很遙遠的世界…突然，往事歷歷，再度出現在他的眼前。

如何面對「那件事」？

一時之間所有的思緒、情感一一湧現。其中最強烈的一個念頭就是，他想要進去問問，他之前的夥伴是不是還在那裡，或是有沒有人見到他們。他甚至已經上前走了幾步，但又停下來。「他們沒有理由再回來啊！為什麼會再回來這個房子呢？」就在這個時候，瑪竇從房屋的裂縫中看到屋外的猶達斯，立刻給了大家這個警訊：

「是猶達斯，他站在屋外！」

「他一個人嗎？」多默緊張地問，並且心中暗自咒罵安息日的這一天。

「一個人！」

「我不相信，可能還有其他人藏在角落。」語畢，大家都屏住呼吸，似乎危險已是迫在眉睫，儘管大家不知道究竟有什麼危險。這時，有個少女與猶達斯從同一方向走來，她自然地走在路上，並沒回頭觀望什麼不對勁的地方。

「好像沒什麼人。」瑪竇大膽地說。大家都鬆了口氣，然後盡可能的想找到其他的縫隙，好能往外更清楚地看到他。許多雙眼睛都看到他退了幾步，但沒有離開，好

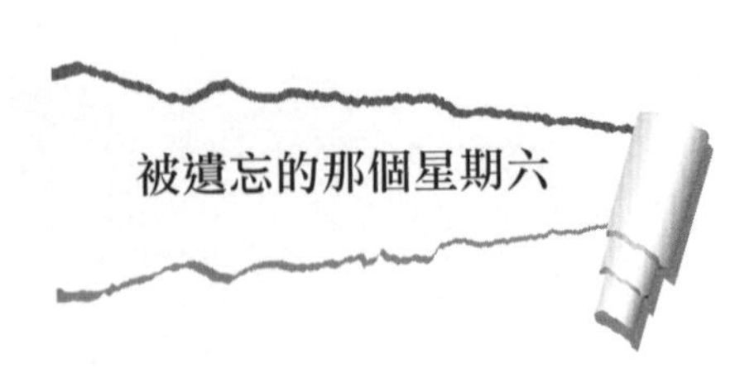

像他自己也在猶豫自己的舉動。熱忱者西滿似乎猜到他的想法：

「他在猶豫要不要進來！也許他要找我們，但不知道我們在不在；又或許是他不敢進來，可能擔心我們會怎麼對他⋯⋯」

「我早說過了，一定會跟他算帳。」載伯德的兒子雅各伯邊說邊活動著腿，為了能將眼睛更貼近縫隙，一邊說道。這時，猶達斯仍猶豫不決。他一個人折回原路，此時門徒們不再害怕會有什麼危險，心裏掙扎著自己該做些什麼。他們應該出去好好教訓他一頓？或是要他好好解釋解釋？如果他真敢進來，是不是什麼話也不想聽，只想把他給攆走？

相同的，猶達斯也在想，自己是不是要進去給他們解釋？他們能了解他嗎？事實上，他是交出耶穌但並沒有出賣他。他們能了解他自己也是受騙者，被人利用了嗎？可是，現在做再多的解釋又有何用？算了，何必冒險呢！最後，他決定自己不需要他們的了解，也不需要他們的同情。反正，他從來也不在乎他們的眼光，是耶穌召選他做門徒，而不是他們選了他做夥伴。現在一切都沒有意義了。於是，猶達斯繼續往他原來要走的方向前進。

中了計謀

繞過這個房子後，他開始往克德龍溪走去。他不禁想起當天晚上，他也是走著同樣的道路。他回憶起那段令人不愉快的路途，因為在路上，他開始發現自己已經掉入陷阱，無法脫身。同他在一起的這一群人，為什麼要帶著武器、刀劍和棍棒，好像要捉拿強盜一樣。不是只需要三、四個司祭就夠了嗎？這是什麼意思？他感到自己既是個領路人，也是俘虜，他曾試圖逃走卻沒有辦法，只好繼續走，也顧不得耶穌了。在這種情況下，他實在無法應付，整個局勢的發展完全出乎他的意料之外。

猶達斯搖搖自己的頭，用力地眨了眨眼睛，想要擺脫這些畫面。現在，不是晚上而是白天，大大的太陽掛在天上，而且他是獨自一個人走著。當他渡溪時，他的影子已經開始拖長。不過，很快地他找到農場，這使他心情稍稍開朗起來。他走到籬笆前，大聲向屋內喊叫，然後有一位老人為他開門。

老人已獨居許久，不過他決定賣掉農場，搬到兒子家住，那個已經從事多年水手工作的兒子。他儲存了一筆錢，打算在「大海」海岸的村莊，做醃製鹹魚的生意。猶達斯和他商量了一下這塊地的價錢，雖然猶達斯必須花比他原本所想的價錢再多一些，但是他仍是相當滿意。他可以想像可能有一天，自己也會像這個健壯的老人家一樣，年老時轉賣給另一位年輕人，如同現在的他一樣。但在許多年後⋯⋯

* * * * *

天主的預兆？

大約午後時分，在蓋法家有個小型聚會。出身於望族的雅黎布、則巴狄雅、乃塔乃耳、約匝巴得，同時也是地位較高的四位司祭，偶然地來到大司祭的家。另外，厄肋阿匝爾也在，因為這也是他的家。他們並沒有要特別討論些什麼議題，只是剛好聊到最近幾天所發生的事。具體而言，似乎有人相當好奇聖殿的帳幔為什麼會裂開。沒有人願意承認這是一個預兆，但每個人又都覺得似乎有太多的巧合了。很快地，這一點成為他們談話的主題。乃塔乃耳首先激動地發聲，立刻引起一場爭辯。蓋法和他的家人一點也不覺得這事有什麼好特別的，另一些人則不認為這件事就只是那麼簡單而已：

「你也許想，或是至少你說你想，但帳幔裂開的確令我很震驚。發生的事件、發生的時間點⋯⋯」

「這有什麼好驚訝的。不過是帳幔裂了，就像東西會壞一樣。所以，應該買個新的，商人就是因此才有生意可做。」厄肋阿匝爾想淡化這個問題，蓋法認同地說：

「就是，就是。長袍會磨損，銀器會凹陷……」

「但是，你從來就不會在喝葡萄酒時發生銀杯凹陷的事，不論杯子有多麼薄。而且，銀器會凹扁，那是因為僕人們洗滌時一點也不小心，因為反正那不是他們的……」雅黎布贊同乃塔乃耳，也自信地表達自己的懷疑。

「而且，長袍特別會受到磨損的地方是在坐的部份。蓋法，你沒有注意到嗎？」則巴狄雅趁機數落一下蓋法。

「夠了！長袍、銀杯和我們現在要談的事有什麼相關？」蓋法生氣地反駁。

「是你先提出的。」

「我的意思是說，只不過是帳幔裂開，又沒什麼，不需要再討論了，又不是什麼大事。」

「不過，你家的窗簾曾幾何時是在懸掛時破裂的？我的意思是：它應當在被洗滌時破損的，因為這樣你可以在吊掛前就注意到，而不是在你不知不覺中就突然破裂的。」約匝巴得提出自己的看法。

　　蓋法略帶遲疑地提到前一天的地震：

「可能是因為前一天那個不怎麼強的地震造成的。」有人回答他。

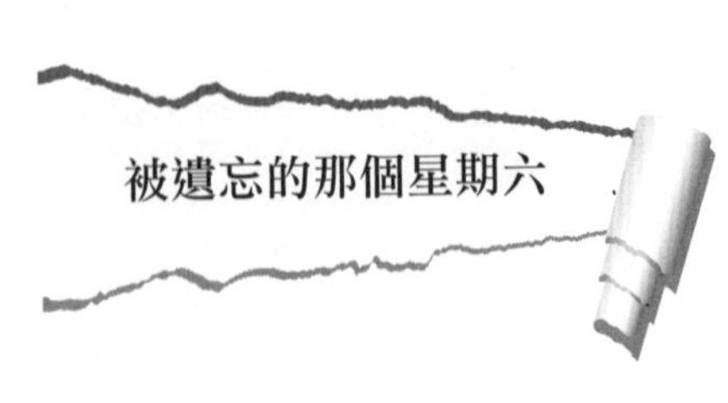

「我並不是說像在猶大王烏齊雅在位時那樣的地震…❶」

「沒錯！聖殿是發生了地震，不過卻只有至聖所的帳幔裂開了。」

「並且，經過司祭倉促地縫合後，晚上卻又裂了。」

「帳幔很厚重，但司祭只是簡單地縫合了幾針。」

「對！對！今天早上我看了，實在是很粗糙。所以，重點不是為什麼縫合後又裂了，而是帳幔又厚又重，怎麼能裂了三吋長呢？」

「另外，除了地震外，一開始，有場暴風雨並且雷電交加，比往年都要來得早。接著，發生地震。最後，帳幔應聲裂開。」

「這一切發生時，那個納匝肋人正掛在十字架上，然後死去…」

「太多的巧合。」

蓋法驚訝地質疑說：

「可是，當他在聖殿把做買賣的商人趕走時，你們不是也認為應該阻止他嗎？」

「是應該阻止他…，但也許沒有必要除掉他。」

「很明顯地，是該做些什麼，不過可能不用做那麼多…」

「現在想想，我們是不是做得太過份了…」

「也許，我們可以給他點懲罰。比方說：鞭打他，就像帕市胡爾對耶肋

---

❶ 參閱《匝加利亞先知書》十四章5節

米亞所做的一樣…❷」

「這是個好例子…」厄肋阿匝爾說。蓋法問：

「你們覺得我們做得太過份了嗎？」

「古先知曾解釋亞述和巴比倫原是天主的工具，祂為了懲罰祂的子民而興起他們，但是他們逐漸自大，變本加厲起來，超出天主原所委託的正義。」雅黎布說了比自己原想說的還多。約匝巴得想退一步解釋說：

「也許我們也類似這樣。我們懲罰了該受懲罰的人，如同天主的工具一樣。但是，說不定我們懲罰得太過嚴厲。因此，天主藉著這些徵兆提醒我們、警告我們。」蓋法決定趕快停止這樣的討論：

「我不覺得有什麼明確的記號，你們現在所講的，也沒什麼特別的意義。你們好像法利塞人一樣引證先知，而且你們對先知話的解釋，一定會使可敬的尼苛德摩相當滿意。無論如何，現在已經於事無補了。他已死了，也埋葬了。順帶一提，也許你們還不知道，他的墓現在正由羅馬士兵、聖殿守衛以及一些司祭看守。這樣我們就不用擔心還會發生什麼事，所以，這件事已經結束了。還有，今天日落後，馬上就會更換帳幔。正如你剛才所說的，昨天的地震不是像烏齊雅為王時那樣大的地震…」蓋法的話安慰了司祭們，但他們卻無法完全相信。

❷ 參閱《耶肋米亞先知書》廿章1～2節

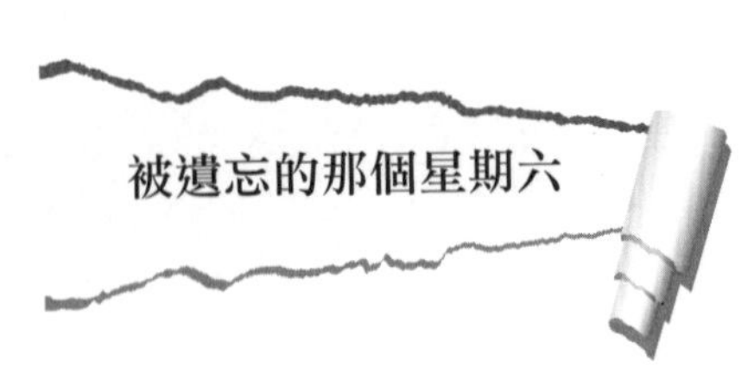

*****

蘇撒納、撒羅默和雅各伯的母親瑪利亞，以及載伯德兒子的母親在下午時稍作休息，因為她們前一天晚上幾乎無法入眠，而且接下來的夜晚將會很短暫。她們準備晚上就去買沒藥、殮布以及覆蓋在耶穌臉上的汗巾，買這些東西需要花些時間，所以不能睡得早。

此外，她們打算在天剛亮時，就到墳墓去，或者更早一點，也就是說只要黑夜一過，展露微光，看得見路了，她們就要出門去。所以，今晚她們應該沒什麼時間可睡。還有她們出發後，將從墳墓直接出城，回到加里肋亞，不再回來此處，因此也該預留一些時間收拾自己的行李，儘管她們的行李並不多。

午睡過後，她們有了足夠的休息，整個人精神都變好了，腦筋也清楚了，或許也是因為這樣，她們才知道自己該做什麼事。可以為耶穌做點事的念頭鼓舞了她們，自從那件事發生後，她們什麼也不能做，不論是老師還活著時，還是他死去時，她們都無能為力。她們無法參與司祭長、公議會，以及和比拉多之間的爭論；而她們對抗群眾的聲音也微乎其微；到了安葬耶穌的時刻她們也只能遠遠地觀看著。終於，現在有段時間她們是主角，能做點事了。

第五章：下午

午睡後，她們將自己梳妝打扮一番。雖然，遠遠地就可以被認出是些鄉下來的婦女。不過，這一天到處都是從鄉下來耶路撒冷過節的人。他們兩個、兩個地走在一塊，蘇撒納則是在後頭，她們沒有引起任何人的注意，或使什麼人回頭多看幾眼。她們剛出門時或許還有些擔心，不過馬上就發現其實沒有什麼人注意到她們。她們在大街上故意走得很自然，走得不快也不慢，也不突顯也不隱藏鄉下人的氣質。禮儀還未開始，她們就已經到了聖殿，她們在婦女們的庭院找到了好位子，可以讓她們清楚看到聖殿的一切禮儀，這樣一來可以分散她們的注意力，讓她們從過去三十個小時的現實世界中暫時抽離。

*　*　*　*

下午過得比耶穌的母親瑪利亞和她的同伴所想的還要快。她們時而回憶，時而沉默，時而流淚，直到她們在所在的房間可以察覺到夕陽西下的變化。經過一段長時間的沈默後，耶穌的母親瑪利亞開口說：

「耶穌從一處到另一處宣講，你們也告訴我一些有關於他的事，其中令你們印象深刻的是些什麼？」

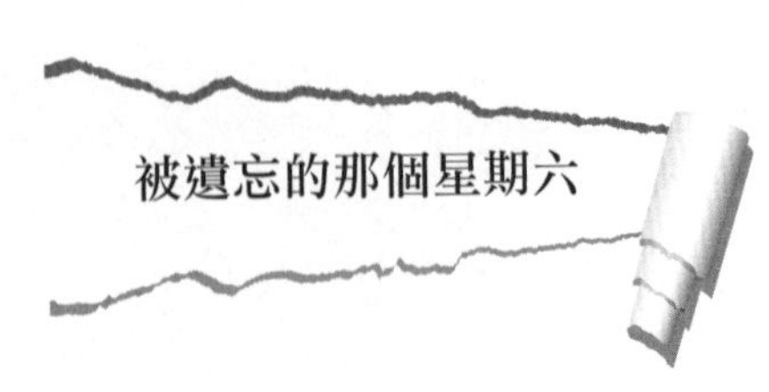

回憶他的事蹟

兩個女人彼此對望了一下，好像在邀請對方先說；一方面她們也有些猶豫，有許多深刻的記憶在她們腦海裏，她們要挑哪一個講才好呢！而且，也不好意思提起與自己有關的事。瑪利亞瑪達肋納提起耶穌曾驅走自己身上的七個魔鬼，但這該如何解釋較好，不是她不敢承認自己的生活與魔鬼的關係，她知道這一切都被寬恕了，她只是不好意思刻意彰顯她與耶穌獨特、親密的友誼，以及得到他特別的恩寵。不過，這也沒什麼好隱藏的。如同老師所說的：「我在暗中給你們所說的，你們要在光天化日之下報告出來，你們由耳語所聽到的，要在屋頂上張揚出來。」❸不過，理解是一回事，以第一人稱來講述又是另一回事。所以，雇撒的太太約安納首先開口：

「我第一次見到他是在提庇黎雅附近。我聽說有一位新來的先知，有一天我突然聽到他在城市附近的山丘上宣講，所以，我前去聆聽。那一次，我對他說的話既驚訝又著迷。他談論天主像是父親一樣，這不是完全新的教訓，但也不是普遍的說法。然後，使我驚訝的是，他同我們說，我們也能稱天主為父親，也應該這樣向祂祈禱，這點我從來就沒在聖詠裡聽到過。就是因為這個緣故，他所宣講的天國——天主的國更為接近，好像是家裏的事。

❸ 瑪十27

身為猶太人的我已經既滿意又驕傲，我們是與天主訂立盟約的民族。現在，我知道我不僅是天主的盟友，更成為祂的家人，這讓我非常感動，幾乎有好幾天都高興地睡不著。因此，以後一有機會，我就會去聽他的道理。不知為什麼的，我的丈夫居然不反對，甚至還給我錢，所以，我跟隨耶穌沿著加里肋亞湖，從提庇黎雅到葛法翁。他的教導一次又一次地令我驚訝。不過，有一次我真是呆住了。他說：『要愛你的敵人。』他並沒有說是誰，但很明顯的，對聽眾而言，就可以知道包括黑落德王⋯和我的丈夫，我甚至可以感覺到他那時還特別注視著我。剛開始，我的內心實在不能接受。後來想想，認為這也是非常合情合理的，如果我們都是天主的子女，那麼我們彼此就是兄弟姊妹，而不是敵人。」

復活死人

「還有一次是我在較遠的地方，親眼目睹的。我們有一大群人在他身後跟著，在厄斯德隆大平原上。當我們快到城裏時，看見一行人正在舉行送葬遊行。很快地就可以看得出那是個相當簡陋的送葬禮，既沒有哀歌，也沒有奏樂，就連棺材也沒有。死者是一位年輕人，遊行唯一的伴奏就是他親人的哭聲，尤其是他的母親。她是一個人獨自走在死者後頭，由此可知她是個寡婦，也沒有其他年輕的孩子與她同行，這代表

死著是她唯一的孩子。從這麼簡陋的送葬就不難想像她的家境如何，而她唯一孩子的死訊也意謂著這位母親的無助。我們都為她感到難過，我思考著能不能為她做些什麼，但沒有人有動靜，直到耶穌走上前，阻止送葬遊行的前進，看著那母親對她說：『不要哭……』」耶穌的母親瑪利亞中斷了約安納的話，大聲地對自己說：

「那時，他想到現在的我。」約安納顯得有點驚訝，她不會獨自一人，她有她們還有門徒們。有一天，他們也會與她一同分享他們的經驗與回憶，如同她們現在一樣。她繼續說：

「我永遠也不會忘記耶穌那時的目光。一個男人所有的溫暖從他的眼裏散發出來，同時一個男人所能表現的確信也在他的目光中流露。他走近死者，對他說：『青年人，我對你說：起來罷！』那一刻，我完全明白他說的：天主就是父親。他的舉動正說明了天主就是父親，成為那男孩的父親，給了男孩生命。」約安納停了下來，似乎正在重溫那個時光，好像這一切正在她的眼前發生，她正看著這個場景。又是一陣長時間的靜默。終於，瑪利亞瑪達肋納決定開口說：

「我已經跟隨他好長一段時間，自從他驅走我身上的魔鬼……[4]我要說的是在湖附近的山丘所發生的事。那不是務農的時間，因此有許多的人前來聽

---

[4] 參閱谷十六9

他講道。他很喜歡和平凡人親近，他體驗到他們的需要，他知道自己沒有多少時間。真是這樣…」她停了一下，做個深呼吸，然後繼續：

分餅奇蹟

「他說：『你們仰觀天空的飛鳥，牠們不播種，也不收穫，也不在糧倉裏屯積…你們觀察一下田間的百合花怎樣生長…它們既不勞作，也不紡織…』❺這一切都是因為他口中常常提到的天父所創造的。群眾跟隨他從這個地方到那個地方，不知不覺地已經過了三天，無論他們之前準備了些什麼食物，都已經吃的差不多了。他們走著走著，前不著村後不著店。他卻不打算遣散群眾，他與門徒們說了些話後，就讓大家一組一組坐下，分給大家一些餅和一些魚。大家心裏都想不論耶穌和門徒們有多少糧食，到了第二組人群，糧食應該也就沒了。可是，過了第二組人，也過了第三組人，門徒們仍是繼續分餅、分魚。過了二十個組，門徒們繼續從他們的籃子裏拿出糧食…耶穌微笑的坐著，有時望著天，有時看著眾人。一時之間，人們無法決定，也不知道自己是否該開始吃，還是該繼續觀看門徒們分餅的動作何時會停止。看著看著，他們不斷地感到驚訝，最後開始吃自己手中的糧食。然後，

❺ 瑪六26～28

門徒們第二次走向群眾，詢問還有沒有人有需要，因為耶穌提醒他們每個人應該有足夠的食糧……當人們吃完後，開始興奮起來。有的人提到達味將天主的約櫃抬回城後，分給眾百姓每人一塊餅、一塊肉、一塊葡萄乾餅；有的人提起厄里叟和巴耳沙里沙人分餅給眾人吃，還有剩餘食物的事❻。不過，不同的是，達味王早已事先準備了食物為分給眾百姓，厄里叟則是試著使二十個餅分給一百個人，而耶穌卻是使五個餅分給五千人！」

「我實在不明白，這些人怎麼能那麼快就忘了這些事。」瑪利亞反思。

「人的改變總是可以在一瞬之間，無論是變好或是變壞。」約安納回答，然後向瑪達肋納說：

「你還記得我們上耶路撒冷時，那個在耶里哥城的瞎子，也就是提買的兒子巴爾提買嗎？他一聽說是耶穌要經過，就開始大聲喊叫，為了使人注意到他。但是，人們卻斥責他，叫他不要作聲。人民一點也沒想到要幫助他，讓耶穌注意到他或是主動向耶穌提起他。沒有，沒有一個人，大家只是叫他住口，不要出聲。可是，當耶穌注意到他，叫他過來時，突然之間，大家都改變了，大家就開始變成他的朋友，鼓勵他說：『你放心，起來吧！耶穌叫你呢！』」

「變化之快啊！變好是如此，變壞也是……」

❻ 參閱列下四42～44

「尤其是，權位較高的司祭們和法利塞人在一旁煽動。」

「是很遺憾，但卻是事實。」耶穌的母親瑪利亞給了最後的註解，又再次進入她的思緒與回憶之中。不過，另外兩個女人似乎還不想結束話題。約安納繼續問瑪達肋納：

「你覺得他是默西亞嗎？」

「如果上週你這樣問我，我幾乎敢肯定他就是，我實在想不出還能有一位比他更好的默西亞。」

「可是，很顯然的，大部份的人希望的並不是一位好的，而是一位強的默西亞：尤其是強而有力的一位。」

「經過昨天的事以後，現在的我不知道該說些什麼。這一切遠超乎我所能想像的。」

「我也是，他的死亡使我感到疑惑。不過，可以肯定的是，他一定是個偉大的先知，他是天主的人。他現在會在哪呢？」瑪利亞插話：

「與天主在一起。一定是這樣的，天主永遠不會離開他。」

「你覺得他會復活嗎？」瑪達肋納直接地發問。瑪利亞答：

「我不知道，我不懂復活意味著什麼？」以後，兩個女人就去準備晚餐或是等待日落，新的一天的開始。

＊ ＊ ＊ ＊ ＊

從加里肋亞來的婦人到了聖殿後，太陽開始向西沉落，影子也開始越來越拉長。**真法利塞人**也來到聖殿，因著他對安息日法律有的新知識，他決定參加下午聖殿的禮儀，而且這次不必仔細計算自己的步數。婦女們也看到阿黎瑪特雅人若瑟，前一天的這個時辰安葬耶穌的那個人也在。因此，前一天的情景活生生的，再次在她們的腦海中重現了一遍。她們環顧四周沒看到尼苛德摩，也沒看到約安納或是瑪達肋納，她們原想在日落後與這些人碰面。**赤身露體逃走的少年**在沒有得到父親的允許之下，以參與聖殿禮儀為藉口，再一次地跑了出去。父親知道孩子並不是為了一天參加兩次禮儀，而是為了與朋友在一起所以出門。號角聲再次響起，肋未人開始恭唸聖詠。司祭舉行奉獻、羔羊再次出現，不過蓋法沒有回來…因為現在他對自己比較有信心了，並且權位較高的司祭們也沒有出現，當然亞納斯也沒有來參加。而早上來參與聖殿禮儀的商人晚上也沒來，因為他們正要開始準備開店，萬一日落後有人緊急需要買些什麼的話…

耶穌的屍體靜穆的躺在墳墓裡的石板上，已無氣息。潔白的殮布包裹著傷痕累累的身體，汗巾覆蓋著臉龐，安詳的面容，彷彿不曾經歷那場椎心刺骨的苦難。眾人在前一天傍晚便已匆匆離去，獨留耶穌……

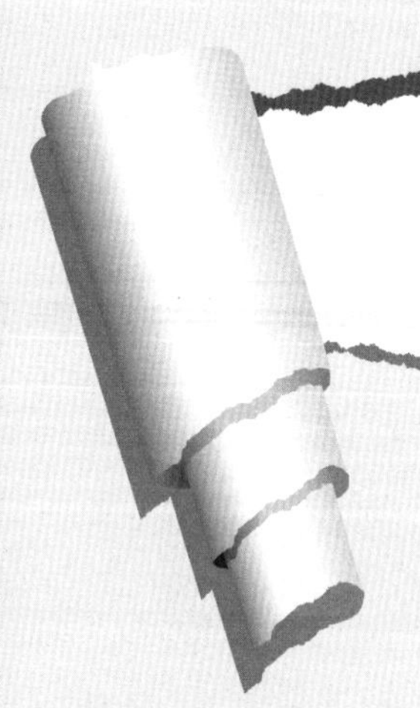

第六章：黃昏

耶穌的屍體靜穆的躺在墳墓裡的石板上，已無氣息。潔白的殮布包裹著傷痕累累的身體，汗巾覆蓋著臉龐，安詳的面容，彷彿不曾經歷那場椎心刺骨的苦難。眾人在前一天傍晚便已匆匆離去，獨留耶穌……

夕陽西下，落日的餘暉灑在一望無際的丘陵區和地中海上，形成了海天相連的金色大地。傍晚的祭獻中，餘暉正灑在肋未人吹的號角上，號角在早晨的陽光下是銀亮的，此刻則閃耀著古老的金光。上主賜給祂的子民一天即將結束的禮物，就反應在這炫麗的號角之上。參加的人潮雖然比早上祭獻時少，不過參加禮儀的熱情絲毫不減。傍晚的人群平均年齡較大，他們之中有許多人因為早上還沒有體力出門，到這時候身體感覺好些了才緩步前來，這些參與者同時也反應了天主年復一年永不間斷的慈愛。

*****

黑落德站在窗前，看著太陽慢慢落下，對黑落狄雅冗長的打扮顯得相當不耐。終於，阿芙羅西娜完成了梳頭的工作，黑落狄雅非常滿意她的穿著打扮，可是，她穿戴衣飾的方式卻對她造成困擾——一個對黑落德來說毫無意義的事。

黑落狄雅原習慣將別針掛在左肩上，這樣右手就可以自由活動，但是今天她堅持要將別針從肩膀移到胸前，為此女僕們在她的責備聲中，花了很多的時間來配合主人的要求，讓人幾乎忘了跳舞才是這些年輕女孩的正職。終於，她得到她所要的。接下來是臉部的化妝，這件事有些困難度，為了讓黑落狄雅顯得美麗，因為她從來稱不上「美」，這些年頭過去，更是不容易的事了。眉毛畫好後，讓黑落德鬆了一口氣。不過，黑落狄雅一下說眼影太深，一下又說太淺，不管怎麼畫總是不能令她滿意。

第六章：黃昏

「以奧林匹克宙斯的神之名，以以色列人的神之名，黑落狄雅，你可不可以快一點。不然的話，太陽都要下山了，已經要晚上了！」

「不要那麼不耐煩，再幾分鐘就好。」

「已經等了好幾個幾分鐘了，從太陽還在屋頂上一直到現在。拜託你！邀請我們的是比拉多總督，我們不可以遲到的，你知道我們和他的關係一直都不怎麼樣。我們的婚禮，更使他不快。」

「你的意思是說，他生氣是因為我們結婚的後果！」

黑落德和黑落狄雅終於來到安東尼堡壘——總督暫居的行館。抵達時太陽還沒下山，邀請函特別提到這點，希望客人能在日落之前蒞臨。轎子穿過一段不長的寬道，守衛侍立在兩旁。除了他們兩個人之外，總管雇撒也受邀了，至於黑落狄雅的女兒則很高興可以留在家裡，因為這個宴會是屬於政治的，一點也不干她的事。

勾心鬥角、針鋒相對

比拉多和他的太太波庫拉，在堡壘的西邊側門等待客人，因為從這裡可以直接進到屋內。黑落狄雅心裡很得意，她從轎子下來時，故意讓別針的紅寶石向著太陽，好

反射出炫目的光彩。原來，這就是她特別要把別針的位置往下移一點的原因。四人一見面立即客套的寒暄一番，言談之間黑落狄雅有意無意的展示脖子上那點綴著瑪瑙和琥珀的金鍊，以及耳環、戒指和涼鞋上的珍珠，主人當然也注意到她的用心。波庫拉看在眼裡，心想：「這不就是一個沒見過世面的鄉下人行徑」，但是她不動聲色，反而讚美淡紫色的衣服襯托出黑落狄雅的白皙膚色。至於波庫拉並未佩戴什麼珠寶，脖子上只有一條金鍊子，因為比拉多曾告訴她，她的價值就是她自己——總督夫人的身份地位。比拉多不太喜歡黑落德身上穿的紫紅袍，那似乎是為了彰顯自己尊貴的身份，不過就連皇帝也不管這點，因此他也沒什麼好在意的。

當他們彼此問候時，都不經意的看到了有兩個僕人抬著巨大的銅盆經過，盆中有滿滿的水和一條大魚，太陽光照在銅盆上閃閃發亮，襯托著水裏的魚，實在美極了！原來為了這個緣故，比拉多才刻意要求客人此時抵達。為此，比拉多還事先指示僕人行走的路線，並且暗自擔心如果客人來遲了，就會失去他所要的效果。

「這魚是我們晚餐要吃的，這水是來自地中海的鹹水，這樣魚才會新鮮。」當僕人經過時，比拉多對客人這樣說，為了表明水質的不同以及魚的稀少和珍貴。黑落德夫婦立即殷勤的表示讚美，好讓比拉多滿意。比拉多也早就料到，他們一定沒看過那麼肥美的大魚。在主客皆歡的氣氛下，雙方結束了問安，他們慢慢走進餐廳。僕人在

第六章：黃昏

用餐前，端水過來，伺候他們洗手。

＊＊＊＊

墳墓的守衛正在換班。首先，有一個十夫長帶來了羅馬的支援兵，羅馬軍隊的組織和守時的紀律，在這小小的細節上就能看出。剛抵達的人，不再需要找地方躲避太陽，因為此刻的太陽已經沒有威力。不過，很快的，他們會開始想念它帶來的熱度。聖殿的守衛帶著羨慕的眼神目送已經交班的羅馬士兵。但剛來的士兵並不比走的更高興，他們根本沒有表情，長官命令他們來守衛墳墓，他們就來了，命令就是命令，有時候還會有更糟的命令，只是不會有比這個更奇怪的了。

奇怪的命令

他們聽說關於第三天的事，於是大家開始針對這事聊了起來：

「咦！第三天很快就來了，剩沒有幾個鐘頭就到了。」這個話題讓氣氛頓時活潑了起來。另一個人回答：

「可是，你真的認為第三天會發生什麼事嗎？」一個已找好睡覺位置的同伴說：

「我想不會發生什麼的。即使要發生，一定是在今晚，因為目前為止還沒發生任

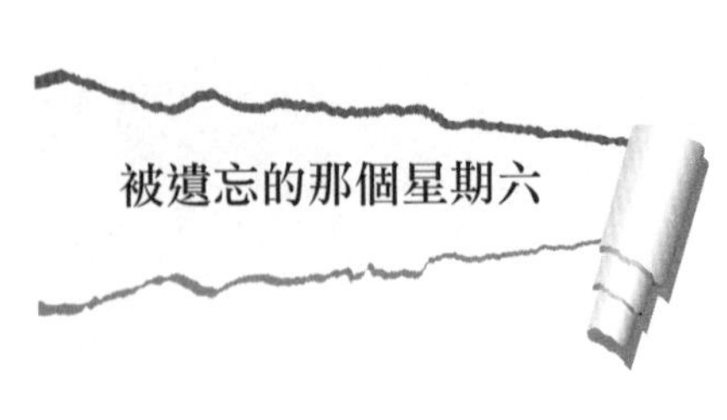

何事，如果等到下一個晚上就已經太遲了，他們總不能說他延後一天復活吧？」

「我們不必改變計劃，有一個人值班就夠了。假如有什麼意外，值班的人一喊叫，我們馬上就起來了。」

「不過，假如他真的復活了，我就不知道我們該做什麼了。唔！那我們的武器好像就派不上用場了。」

十夫長開口：「你們根本搞不懂狀況！」他環視了四周，接著又說：

「別管復活不復活的問題。我們在這裡看守的目的，就是為避免有人來偷這具屍體，所以，好好的張大你們的眼睛！」眾人不再出聲，他們不確定十夫長是否已經洞悉他們的如意算盤，總之他們還是願意按照原定計劃行事。

日落之後，來了一批新的聖殿守衛。守在墳墓的守衛從下午到晚上都沒發覺異樣，假如有人打算在夜裡行動的話，那麼白天也總該佯裝無事的到現場晃晃才是。但是沒有人經過這裡，附近就連人影也沒見到。一位剛來的守衛說：

「安息日才剛過，所以下午人們可以行走的距離有限。」

「如果是這樣的話，今晚肯定不會出什麼事。因為如果有人想做什麼，總該先熟悉一下地形。這個沒辦法事先知道、事先準備，因為沒有人想到會發生這事，更不會事先知道他會埋葬在哪裡。」

「也許，那些人會等到清晨再經過這裡，隨後再付諸行動。」

「我想在大白天沒有人敢做什麼事的。無論如何，都不干我們的事，那是下一班的人該煩惱的。可憐的他們！」他們彼此說服今晚不會發生什麼事，第二天清晨就會有人來接班了。所以，大家都打算找個空檔，小睡一下。

丟臉的事

最後換班的是司祭們。阿納尼雅前來代替安息日的值班長依市瑪耳司祭。他帶了另外三位司祭，他們彼此之間並不認識。雖然每年逾越節都會來到耶路撒冷值班，但因分屬於不同的班次，加上逾越節慶是聖殿很忙的時節，所以他們一直都沒有機會認識彼此。

換班的司祭們帶來一些大司祭給的羊毛皮，這些羊毛皮來自於奉獻給聖殿的羔羊，大司祭們決定給他們這些羊毛皮當作報酬。可是司祭們不太高興，因為這本該歸屬他們的東西，如今卻被拿來當成施捨一樣，他們感到被羞辱。而且被派來做這個差事，更是一件丟臉的事，讓一群司祭守在墳墓旁邊，不就是冒著禮儀上不潔的危險？

「幹嘛要來這裡防止屍體被偷，有可能嗎？」依市瑪耳向換班的司祭們告別，並帶著不滿的口氣揶揄說：「蓋法真是設想周到，要你們帶上防寒的羊毛皮，不過他卻

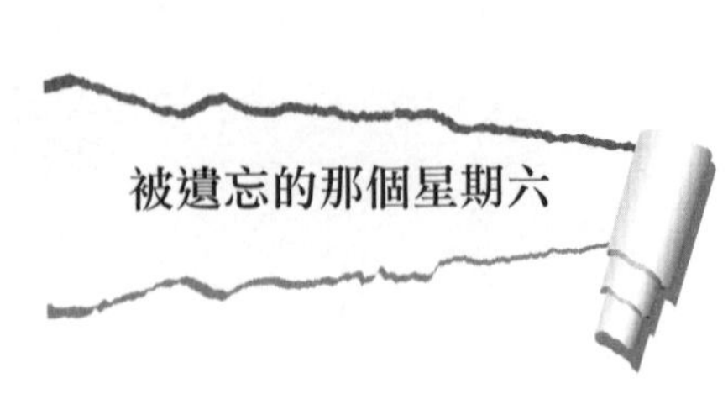

沒想到給我們一頂帳棚來遮蔽太陽。」他們回去的時候比來的時候高興多了。

阿納尼雅則是精神最差的司祭，前一天晚上因為要處理聖殿帳幔破裂的緣故，他幾乎沒睡，然後現在又一整個晚上不能睡覺，還要待在墳墓旁邊。他大聲的說：「不是的！」本來是為了安慰自己，並沒有要對誰說話：

「被埋葬在這裡的人，跟帳幔破裂一點關係也沒有，和任何事都沒有關係。」

其他的司祭被他突如其來的喊叫嚇了一跳，都很驚訝的看著他。

*****

加里肋亞的婦女前來參加聖殿的禮儀，她們對聖殿隆重的氣氛充滿敬畏，但卻無法專心一致。

閃亮的號角吹出莊重的樂音，司祭們穿著華服，肅穆的走向祭壇，她們很虔誠的參加神聖儀式。她們並不是沒有參加過逾越節，大多數的人都上耶路撒冷參加過逾越節，可是，因著同一個原因或其他可能的因素，不能年年都上耶路撒冷過節，特別是參加逾越節的安息日。對她們而言，有的是第一次來，有的則是已經不記得上次是什麼時候參加的。

這時候，如何感謝天主？

她們實在很想全心投入，但是難過和頹喪的心緒總是干擾著她們，使她們無法專心。在這個時候，她們不知道該如何感謝天主，因為她們實在不明白，過去這四十八個鐘頭所發生的事。為什麼從來沒有做什麼壞事的耶穌死了？而且是這樣的死去？在這樣的情況之下，叫她們怎麼感謝天主呢？可是，當初她們上耶路撒冷的原因，不就是為了感謝天主?!內心的掙扎顯露在她們的臉上，可以看到她們很想全心參與，可是無論是羔羊的祭獻或是聖詠的話語，都無法進入她們的內心。她們盡量不露出頹喪的表情，因為不願引起別人的注意，可是無可避免的，從她們的臉上看得出來她們分心了。

禮儀終於結束，解除了她們的兩難，她們以合宜且莊重的速度離去。

＊＊＊＊＊

多默花了足足半個小時，眼睜睜的從靠西的窗縫往外看。太陽下山的速度比平常慢得多，似乎從先知若蘇厄的年代以來，太陽從來就沒有這麼慢過，慢到使人懷疑，莫非像若蘇厄那時一樣，太陽停止了轉動❶。該不會是一個記號吧?!

---

❶ 參閱《若蘇厄書（約書亞記）》十章12節

記得有一次耶穌提到時代的訊號，就是以將沉的太陽做比喻❷。不過，後來他放心了，他看見影子慢慢移動，確定太陽沒有靜止。他從窗邊走回來，想像著身後最後一束陽光的消失，太陽已奔向大海。多默輕輕嘆了一口氣，轉身走向大門。

尋找一個跡象

「我走了以後，你們不要忘記關門！」他向那些將成為過去的朋友們說。大部份的人沒有理會他，當他是透明的，只有伯多祿嘗試再挽留他：

「你不能多等一兩天嗎？」

「等什麼？等他們來抓我們，像在橄欖園抓住老師一樣嗎？那裡已經被盯上了，這裡也是一樣。」

「不！請留下來，等老師！你怎麼知道他不會比那些抓我們的人先來到？」

「誰告訴你他會來？」

「老實說，我不知道。不過他曾說過要我們等他幾天，也許他會給我們一個記號，叫我們做些什麼。」多默聽了似乎有些動搖，已經沒那麼堅定

❷ 參閱瑪十六2

了。

「好吧！等，可以。可是，為什麼要在這裡等呢？其他任何一個地方不是更好嗎？」

「比方說橄欖山嗎？」載伯德的兒子雅各伯譏笑他。

「不！多默，應該在這裡。」伯多祿繼續說：

「這個地方充滿了回憶。還不到兩天前，他在這裡給我們、給你多默洗腳，洗臉盆還在那角落；他在這裡為我們掰開麵包，他說：『這是我的身體，為你們而捨棄的。』那個時候，我們都不知道他在說什麼。現在，我了解了。不過，他又說：『你們也要照樣做，為紀念我。』我還不懂這句話的意思，這似乎暗示著一個未來該有的時間，為了紀念他。所以，我們應該等。」

多默覺得自己輸了，可是並沒有被說服，他又回到角落去思考，大家仍然維持沉默。安靜沒多久，多默突然起身，靠近伯多祿說：

「你說的對，這個地方充滿著回憶。我現在立刻就要走，這個房間每件事情都讓我想起他，這個感覺壓迫著我，我沒辦法多待一分鐘；我需要另一種空氣、另一道光線、另一個生活，讓這個經驗成為過去。我這麼做不是因為對未來的恐懼，而是因為對過去的恐懼。祝你們平安！我會珍惜彼此共度的美好回憶，希望你們也是，將來

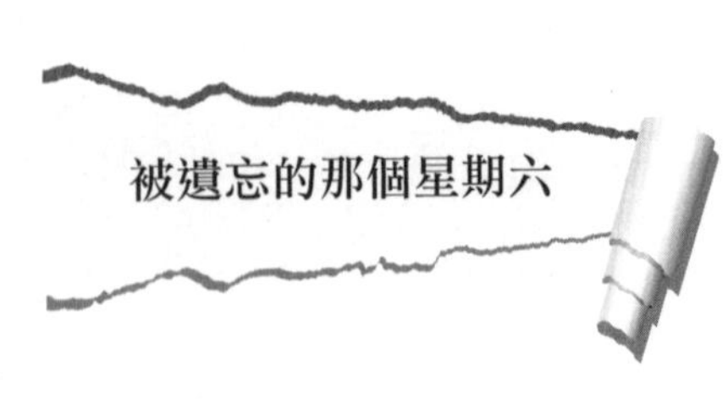

在任何地方遇見你們，我都會很高興，現在我得走了，願上主的平安與你們同在。」

人，更少了……

這次沒有人起來阻止他，他們輕輕地回應他的祝福，目送著他走向門口。他拿掉門閂，打開門，仔細地往左右探看，小心翼翼的走了。隨後，有人走向門，把門關好。

隨著門閂扣上的聲響，瑪竇說：「十個，現在剩十個。」

「住口！烏鴉嘴！」斐理伯說。

* * * * *

赤身露體逃走的少年若有所思的看著太陽西下，沉落的太陽把安息日帶走了，可是也帶走了光線。

現在即使父親允許他外出也沒有意義了，他的朋友整個下午一定過得比他好玩多了，現在也都陸續回到家中。晚餐時間可能快到了，因為安息日已過，他的母親可以工作了；這個念頭讓他想到，離母親做好晚餐前，可能還有一點空檔可以出去晃晃。

可惜父親說：「不可以！我知道已經是新的一天了。就如你剛才說的，我知道

第六章：黃昏

安息日已經結束了，但是你還是不能出去，你不了解現在是什麼時候了嗎？天快黑了！等清晨太陽再度升起，你才可以出去！我跟你說，安息日是以新的太陽、而不是以新的日子為標準。」父親很堅定地說完最後一句話。

赤身露體逃走的少年嘟著嘴回到屋裡，他很生氣父親不許他出去，連最後的一點努力都沒有成功，他突然想到個好主意，然後跟父親說：

「我要不要帶點東西給那個房間裡的人？」

「問你母親有沒有給他們準備什麼？」是的，母親正在準備，幾分鐘後就好了。**赤身露體逃走的少年**從家裡出來，繞了一圈，由另一個門往門徒那裡去，終於他離開家出門了！門徒們一聽見他的聲音，便來開門。等少年再回到家，父母已經在吃飯，父親故做輕鬆地問：

「你好像回來晚了，他們問你很多問題嗎？」

「不，他們並不想講話。」少年坐了下來，不打算回應父親詢問的眼神，然後自行開始吃飯，他只隨口說：「現在只剩下十個。」

父母親一聽，驚訝地互看對方。

＊＊＊＊＊

真法利塞人對自己十分滿意地回到家，他一天之中參加了兩次聖殿禮儀，以很長

的時間來讚美以色列的天主，並且是以祂自己所命令的方式，在祂所在的地方，用祂跟以色列人說的話，實行祂所命令的禮儀。本來，他午餐跟他的那些法利塞朋友一同吃飯，為了避免跟公眾百姓吃飯時，聽到什麼不合適聽到的話，而且這樣也確保都能好好遵守所有的規矩。

但他現在自個兒慢慢地走回住處，打算吃個簡單的晚餐，就像那些典型的守法人所做的一樣，然後上床睡覺。早上，他就會回到他所熟悉的貝特法革。**真法利塞人**很滿意自己屬於被選的民族，更滿意自己是民族中最好的一部份，**真法利塞人**長得不很高壯，但因著自我感覺良好，使他全身上下充滿活力。

* * * * *

逾越節不工作，不意味著必須要計算一天可以走的步數，這取決於法利塞人怎麼詮釋法律。因為有的人認為這些日子，至少可以為了進食而準備些食物；有的拉比則是認為，為了準備食物，也應該讓人可以買到所需要的東西。有的人很嚴格，有的人很寬鬆，因此商人一點顧慮也沒有的開門做生意，或者半掩著門，為有急迫需要的人服務。

因此，舍瑪黎雅準備太陽一下山，馬上就要開店。今天不會有很多客人，所以也不必請員工，由他自己看店就可以了。

讓他很驚訝的是，第一個進來的客人居然是尼苛德摩，那位有名的經師、受到大家尊重的法律拉比。而且他身邊還有一個僕人隨同，這讓舍瑪黎雅更為訝異，因為他所認識的尼苛德摩，生活一向很簡單，平常沒見到他有什麼僕人跟在身邊。

他才剛進店門，舍瑪黎雅就立即起身，深深地向他鞠躬，對於尼苛德摩的光臨，他感到莫大的光榮，這證明自己的生意是誠實正當的，因為就連受大家敬重的人都會到他的店裡和他買些東西。為此，他竭誠地歡迎這位貴客。

置辦一百斤香料

他們彼此問候，禮貌性的互祝平安之後，立即談及買賣。尼苛德摩說出需求：一百斤❸沒藥及沉香調和的香料，為了敷抹屍體。舍瑪黎雅大為吃驚，因為這些香料價格不菲，全是進口貨，但尼苛德摩拉比似乎一點也不在意需要花費多少錢。此外，也因為他要的數量相當大，於是告訴尼苛德摩：「我不確定我倉庫裡有沒有足夠的存貨。」

語畢，舍瑪黎雅立刻派一個僕人去看看存貨量。尼苛德摩趁此空檔，問

❸ 一百斤＝32.745公斤。

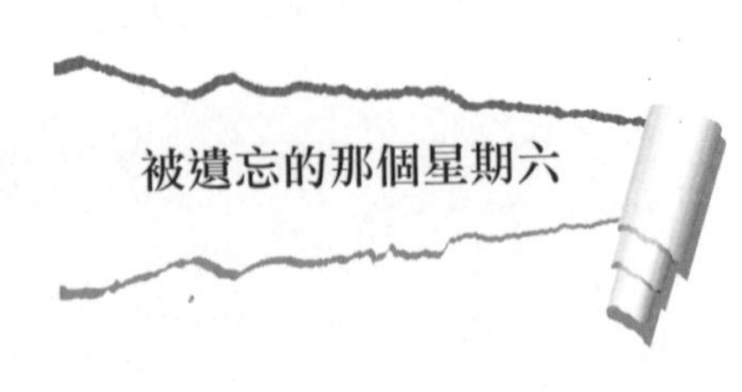

舍瑪黎雅總計的價格費用，舍瑪黎雅回答說這得取決於油和香料的比例。他們一致認同不可違反法律❹的規定，因此決定油的比例要多於香料，這樣價格會比較便宜，也比較方便敷抹在身體上。

僕人回來，向主人報告倉庫有足夠的存量。所以，他們開始計算比例：沒藥二十斤、沉香二十二斤，再加上油五十八斤（舍瑪黎雅特意強調這是來自猶大的橄欖油，品質已經獲得認證），這樣總和就是尼苛德摩的需求。老闆藉此機會，向客人表現已為客人精打細算一番。不過，費用仍達數百銀幣。

尼苛德摩身上並沒有帶那麼多錢，因此向舍瑪黎雅說，可否接受自己將目前身上所有的錢做為預付金，然後許諾自己一早會支付其餘的費用，或是他可以簽個字據；或是找兩個證人給自己做個擔保。舍瑪黎雅心中計算一下，尼苛德摩的預付金已帶給自己一些收入，因此很快就回答他，不需要簽什麼字據或是證人，因為有令人敬愛的拉比的一句話就夠了（反正，拉比也沒辦法馬上拿走貨品）。不僅如此，老闆還決定給客人打九折的優惠，尼苛德摩以為那是因為他買了很多，不過其實是因為舍瑪黎雅知道這些貨品是為誰而買，某部份是為了彌補自己兩天前的晚上，投了贊成票除掉他。

❹ 參閱《出谷紀（出埃及記）》卅章32～33節。

但是，要好好把物品磨碎成香料、並且加進橄欖油拌勻需要相當長的一段時間，因此，尼苛德摩拉比如果願意的話，可以先回家吃個飯，約兩個小時之後再回來拿。舍瑪黎雅也暗示一下拉比，若他能將僕人留下來幫忙的話，會對他們有很大的幫助，因為現在是逾越節，留在店裡的員工不多。

尼苛德摩決定先回家吃飯。他離去前，向僕人保證，當他回家後，一定會有晚餐，而且是熱的晚餐。

* * * * *

阿黎瑪特雅人若瑟很驚訝沒有在尼苛德摩的家裡找到他。不過，當他聽完尼苛德摩太太的說明後，他立刻完全理解，並且內心充滿喜悅，彷彿能理解尼苛德摩決定要做一件大事。尼苛德摩的太太建議他留在家裏等候他，但是若瑟既然知道他去哪了，就想要自己前去找他。

* * * * *

克羅帕和他的朋友從聖殿離開後，在路上遇見多默，藉著他得知了其他門徒的下落，所以，打算經過那裡向他們說聲再見，並且告知他們，他和朋友計劃要回去厄瑪烏。門徒們見到他們感到相當吃驚。他們解釋說，因為在路上遇到多默，所以知道他

們的所在地。

西滿批評多默：「他原本就不願意被人知道我們在哪裏，現在可好了，他卻自己告訴別人我們在哪裏！」熱忱者西滿因為原本是熱忱份子，因此比其他人更加擔心。

「沒有啦！他沒有跟別人說，只有告訴我們。」克羅帕回應。

「他的腳步相當快，幾乎沒有留意路人，只想趕快到達他所要到的目的地。連碰到我們，他都沒有注意到，還是我們叫住他，他才停下腳步。」克羅帕的朋友接著說。

回想起那些好聽的故事

安靜了一會兒之後，克羅帕未經思考、沒頭沒尾的突然說：

「我真的相信他是以色列的救贖者。他這麼的吸引人，他做過那麼多的奇蹟……」大家默默的點著頭。

「還有他說話的樣子。他總能用些簡單的話，讓我們每一個人都明白。他的話很美也很深刻，他還舉了許多的小故事。這些小故事我們永遠都不會忘記，兩個兒子的父親……立刻就可以想起兩個故事❺；十個童女的故

---

❺ 路十五 11 ～ 32；瑪廿一 28 ～ 32

事❻；還有不義判官的故事❼等等。」

大家一致認為耶穌的談話具有權威，並且不論是他的行動或是他的話語都具有能力。克羅帕的朋友更稱他為先知，也沒有人反駁他。接著又是一陣長時間的沉默。

最後，克羅帕說：「我們來，只是要和你們說聲再見。我們一早要處理一點事情，也許吃過午飯後就會離開，並且會捉緊時間，希望趕在天黑前抵達厄瑪烏。」

「我不知道我們是否還會再見。但是，我們應該繼續保有關於他的記憶和教誨。」

「還有，不只是記得。記得不夠，還應該這樣去做！」

「好啦！時間晚了，我們要走了，再見！」

「你們平安走吧！」伯多祿的告別，那姿態彷彿是派遣他們出去。兩個人雖然不是快樂地離開，但至少感到些許安慰，因為至少見了老朋友一面，也能同他們一起想念他們的摯友——現在已死的那位。

＊＊＊＊＊

雇撒的太太約安納與瑪利亞談話後，決定去聖殿參加晚上的祭獻。

---

❻ 瑪廿五1～13

❼ 路十八1～8

瑪達肋納上午已經參加過了，因此選擇留在家中陪伴瑪利亞。瑪利亞完全沒有心思出門，也不想在路上碰到什麼人。不知道是約安納或是瑪達肋納先留意到的房子，這間房特別是給朝聖者或是外來者居住的，房東自己並不住在這，完全給旅客自由的空間，也因為沒有其他的陌生人，正好給了她所需要的安靜。

加里肋亞的婦女們離開聖殿後遇到約安納，同她一起回到耶穌的母親瑪利亞所住的地方，尤其是要問候、安慰瑪利亞，向她表達她們的感情，並願意幫助她，給予自己所能做的一切。她們也願意為耶穌做些事，要去買些東西，為了再次好好安葬耶穌，因為當時她們從遠處觀看，知道先前的安葬似乎不是很理想，不過很快就可以彌補了。

等天一亮

她們商定天一亮，雅各伯的母親瑪利亞、載伯德兒子的母親，以及瑪達肋納要到耶穌的墳墓，給耶穌更好的敷抹與包裹。現在，蘇撒納打算同約安納一起去買敷抹屍體的香料以及包裹身體的殮布以及汗巾。

第六章：黃昏

＊＊＊＊＊

在安息日被治好的癱子，今天終於起來行走。

下午，他居然來到戶外，在家附近散步了一會。雖然走得不遠，但自從他被治癒以來，幾乎沒有什麼行動，因此這麼小的事情成了家中的重要消息。

他已成婚但還住在家裡的小兒子，馬上跑去通知哥哥，不是因為擔心父親安危，而是為父親願意自己走動感到驚喜。他通知哥哥這個消息並且建議，趁著這個機會，剛好適逢逾越節假日，也許隔天他們可以全家大小一起出門走走，也可以帶父親到水池邊繞繞——那個他躺臥多年的地方，甚至可以走到橄欖山。對這生活平凡，少有新鮮事的家庭而言，這是件值得喜樂的事。

＊＊＊＊＊

傍晚微弱的光線也漸漸消失。很快的，耶路撒冷進入了夜晚。雖然，時間上還不算太晚，但是黑暗不鼓勵人離開家，除非真的有什麼需要，否則，最多就是走到門口和鄰居閒聊一會，直到夜晚的寒氣催迫人回家。

耶穌的屍體靜穆的躺在墳墓裡的石板上，已無氣息。潔白的殮布包裹著傷痕累累的身體，汗巾覆蓋著臉龐，安詳的面容，彷彿不曾經歷那場椎心刺骨的苦難。眾人在前一天傍晚便已匆匆離去，獨留耶穌……。

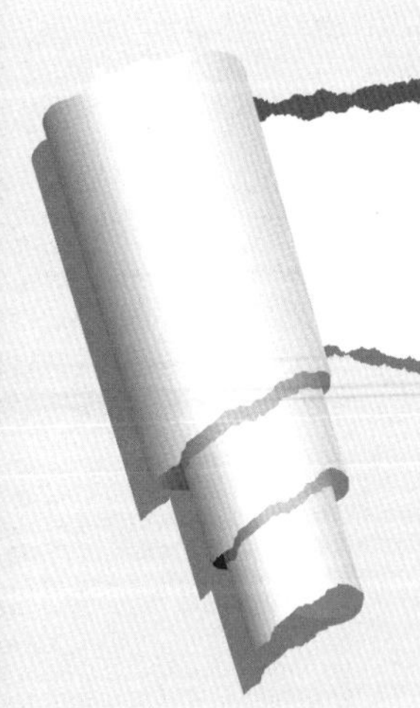

第七章：晚上

耶穌的屍體靜穆的躺在墳墓裡的石板上，已無氣息。潔白的殮布包裹著傷痕累累的身體，汗巾覆蓋著臉龐，安詳的面容，彷彿不曾經歷那場椎心刺骨的苦難。眾人在前一天傍晚便已匆匆離去，獨留耶穌……

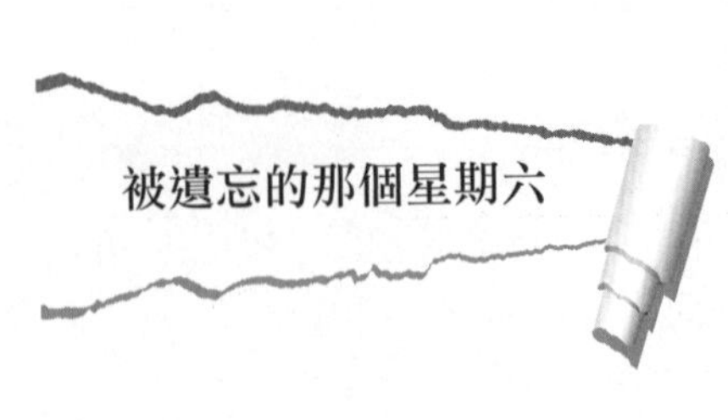

被治癒的胎生瞎子吃過晚飯後，若無其事地說：

「我出去一會兒。」

母親問：

「這時候，你要去哪？天都黑了。小心！不要在黑暗中過度使用眼睛，傷害了視力。」

「之前是安息日，哪也不能去。現在終於過了安息日，也吃完飯了。」

「好。但是，你到底要去哪裏？」

「老實說，我自己也不知道要去哪！我想出去看看是否能遇到什麼人，告訴我那個治好我的耶穌的門徒們在哪裏。如果他們還一起過生活，我想同他們在一起。」

「你以為現在上街有用嗎？為什麼不等到早上呢？」

「我怕到了早上就太遲了。很可能他們正打算回家，也許為了不讓人認出來，他們會在一大早，趁路上行人不多時離開。而且，很可能會分組離去。」

「這樣你不就更有機會找到他們其中之一。」

「但也更容易讓我認不出他們。」他話剛說完，人已經踏出門了。母親搖搖頭，拿自己的兒子一點辦法也沒有，只好讓他走。恢復視力的胎生瞎子踏著穩健的步伐離去。

＊＊＊＊＊

為了坐滿三連式長沙發❶，比拉多邀請了穆雷納，也提醒黑落德邀請雇撒一同前來。但是，他們兩人幾乎沒有參與什麼談話。他們知道自己的存在，只是為了避免這頓晚餐顯得比拉多和黑落德兩人太過親近，或是好像家庭聚會，這樣會有損羅馬的權威與尊嚴；另一方面，也可能是因為每一個三連式長沙發，應該有三個人入座，所以自己才被邀請。晚餐以一般社交性的禮儀進行著，生菜沙拉是萵苣菜混著石榴粒和橄欖，加上一點紅酒醋和少許的鹽，再以橄欖油拌勻，口味讓大家相當滿意。黑落德問起橄欖油是不是從猶大來的，比拉多帶著優越感禮貌性的回覆：「不是！是他從義大利（實際上是從羅馬西部半島的Bética省）帶來的。」

他們稍微談到管轄地的情況，比拉多問起加里肋亞有沒有很多熱忱者發起的運動，黑落德請他放心，早就沒有任何事變。但是，農人們卻造成社會上的些許騷動，因為他們的地主幾乎沒有給他們什麼錢（地主住在耶路撒冷，所以當然也要繳稅給羅馬），使他們無法向黑落德納稅。其實黑落德一點也不在乎人民，他只在乎羅馬拿得越多，落入他口袋所剩的就會越少。

❶ 三連式長沙發（Triclinium）：在羅馬時代生活富裕的人家，宴會廳裡會設置Triclinium。三連式長沙發是以馬蹄型排列，可以容納三個人入座，並且可以使人斜倚著，側躺在沙發上用餐。

互踢皮球

用以前的銅器盛裝的大菱角，在桌上看起來格外好吃，再配上極佳的白酒。比拉多在黑落德還沒問到是不是從加里肋亞來的之前，已經搶先向他說明這是來自羅馬附近的丘陵，使在座的賓客為之驚豔。席間，波庫拉和比拉多特別注意客人們的反應，尤其是比拉多，黑落德也注意到這點：

「我們加里肋亞海沒有這種魚。」黑落德客氣地說。他不怕承認事實，尤其是為了讓主人感到高興。比拉多嘴角微揚，然後強調說：

「因為加里肋亞的海不是海，只是一座湖……而且也不很大。這條魚十分珍貴，是從真正的海來的，Mare nostrum（我們的海）。」黑落德一口氣乾了從羅馬丘陵來的白酒，一方面為了吞下比拉多剛才的話，另一方面，主要原因是，他實在非常喜歡這酒的味道。比拉多稍微開個玩笑說：

「昨天你沒幫上什麼忙，我原本希望你能幫助我處理那個加里肋亞人的事——那個我送去給你審問的人，但你卻什麼裁決也沒做就送他回來。」

「因為這件事不屬於我的管轄範圍。」

「但是，他屬於加里肋亞，那是你的管轄區。」

「對。但是，我聽說他是在這裡犯的罪：玷污聖殿、蔑視權威、說一些褻瀆的話。這些事都是發生在耶路撒冷。」

「可是，他們說這一切是從加里肋亞開始的。所以，我把他送去給你。」

「對，他是從加里肋亞開始宣講。不過，他從來就沒有攻擊過我，更沒有說什麼不敬羅馬的話。關於他，我從一開始就掌握了可靠的一手資料。（他一邊說一邊望向雇撒，雇撒順著他的話點點頭表示贊同。）至少，在加里肋亞他不是個危險份子，也沒有叛亂的可能。」

「與他有親密往來的成員中有一個熱忱者。」

「是，不過他們之中也有一個稅吏。所以，一來一往也就打平了。而其他的人都是加里肋亞海……（黑落德很快改正了自己）：加里肋亞湖的漁夫等等。我想他除了腦子有點奇怪之外，沒有什麼太大的問題。正如我剛才所說的。」

「但是，大司祭卻不這麼認為。」

「聽說，你釋放了一位已因謀殺罪而被宣判死刑的熱忱者。」

「我是被迫的，我原想藉由逾越節的赦免，解放加里肋亞人：這樣也許過一段時間之後：當他回到你的管轄範圍，你有機會可以審判他：」比拉多諷刺地說完最後的一段話：

「但是，大司祭卻沒有給這樣的機會。」

「對，大司祭。我也沒辦法向大司祭和其他的控告者說，等我們回到我的地區再

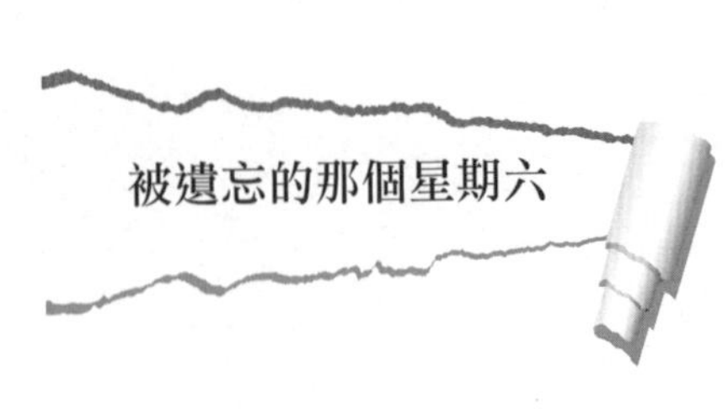

來處理。」比拉多點點頭表示黑落德說的有理，接著補充說：

「請放心，我無意責怪你。」

侍者在他們談話時送上來烤乳豬，這道菜使黑落德相當驚訝，並且感到十分好奇。他自己並不遵行猶太傳統，他不管，也不怕吃不潔之物，這也不是第一次。但是，畢竟他身處在猶太人之中，因此他的管轄區根本沒有人會飼養豬。所以，也沒有人會想到牠可以做為食物。他品嚐後，極力讚美它的美味，同時也要了一杯紅酒。他說：

「我想，這也是來自羅馬丘陵的吧！」比拉多很自然的修正說：

「不，這道菜是我從西班牙Hispania學來的，配的紅酒也是當地釀造的。」

「無論如何，非常好喝。」黑落德再次向主人表示自己的滿意。

「還有關於昨天的囚犯，那個加里肋亞人…叫耶穌？是不是這個名字？我還有點想跟你說…。今天早上司祭長要求我派兵守衛墳墓，好像為了避免他復活……。」

黑落德想笑不敢笑，驚訝的吞下嘴裏的豬肉，並揮手暫時拒絕再添加杯中的紅酒：

「我不知道你是認真的，還是在開玩笑？可是，我一點也不訝異他們會這麼想…」

「我是認真的。」

「你真的相信復活。」

「不，當然不。他們好像是擔心耶穌曾預言他第三天要復活，因此他們害怕有人會利用這話，竊取屍體然後編造一整個故事。」

「第三天。」黑落德低聲說。然後，從驚訝中恢復過來，繼續回到歡樂的語氣：

「還好，他訂了一個時間，而且，不是太久。」

「對，這樣荒謬的事之中，這是唯一可取的。」

* * * * *

在舍瑪黎雅繼續不斷的討好、奉承聲中，拉比尼苛德摩離開了。回家的路上，他回想他們議定的價錢似乎比自己原先估計的還要多一些，不過反正他本來就不是個會計算的商人。家裏有足夠的錢，不必等到早上，他等一會去拿香料時就可結清所有費用。是，沒錯。正如他太太所言，一百斤香料是有點貴，又相當重，因此他太太提醒他帶個僕人。可是，他認為這香料的數量卻一點也不為過，為一位加里肋亞的拉比（尼苛德摩心想他的確值得這個稱號）這是應有的。他再一次責備自己沒有早一點做這事。

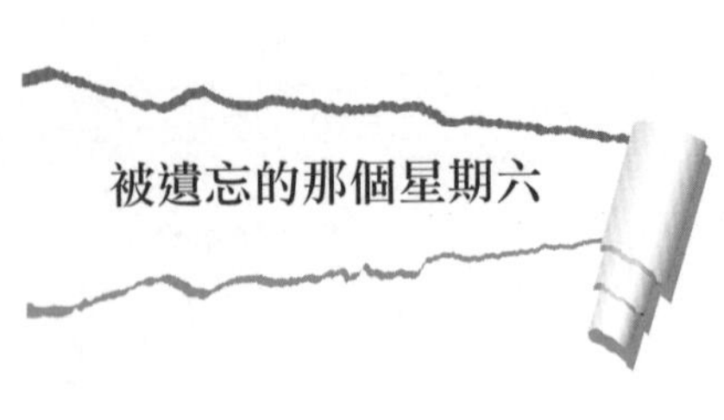

兩人密談

在回家途中的一個轉彎處，遇到阿黎瑪特雅人若瑟，他們彼此問好，互祝平安。尼苛德摩面容友好，卻語帶諷刺地說：

「尊貴的若瑟先生，這麼晚了，打算上哪去呢？」

「喔！可敬的拉比。我以為這麼晚只有我會出門。」若瑟反諷回去，並接著說：「為了找我們可敬的拉比——尼苛德摩先生。」

「喔！那你找到了。」

「願主受讚美。」

「嗯，我覺得如果我們有什麼要談的，最好到我家去談比較合適，順便可以一起吃個晚飯。我想晚餐應該很快會準備好，因為我太太總是很準時備好飯菜。」語畢，他們一同走向尼苛德摩的家。

「我剛從你家過來，我向你保證晚餐已經準備好了。所以，我願意接受你的邀請。你去找舍瑪黎雅，那個狡猾的傢伙？」

「對，我向他購買些東西。在他店裏，他老是左一句拉比尼苛德摩，右一句因為我的光臨使他感到莫大的光榮，讓我相當不自在，完全就是一副生意人的嘴臉。」

「你要買些什麼呢？你的夫人只說很多、很貴。」

「我剛剛訂了一百斤沒藥及沉香調和的香料，為了敷抹耶穌的身體。」他們想起自己尊重並且敬愛的那位，兩人立刻沉重了起來，腳步也放慢了。尼苛德摩繼續說：

「我不是在責備你，我知道那時已經相當晚，安息日馬上就要到，讓我們措手不及。我也很後悔，自己原想做些什麼但卻沒有，尤其是在安息日的早上。」

「我原想等會到家裏再跟你說，與這個有關的。不過，現在街上人很少，耳朵也少，也許更適合。」

「什麼事這麼神祕？」

「是有點敏感。」然後，更放低音量說：

「有些人在墳墓附近看守。有聖殿的守衛、比拉多的羅馬輔助兵，以及一些司祭。由此可知，這是誰的主意。」尼苛德摩不滿地諷刺：

「當然是蓋法。他們殺了他還不夠，還要在他死後控制他。」

「沒錯！是蓋法提出的要求，但我想這個主意來自更高的那位，年齡較長的那位…」對此，尼苛德摩顯得相當驚訝。

「…也就是亞納斯。就是因為這個原因，所以我來找你。為了決定之後該怎麼做，我需要你的忠告與意見。其實我原本也想改善安葬的情況，不過現在連總督都涉入了，一切就更複雜了。」

「墳墓不是你的嗎？」

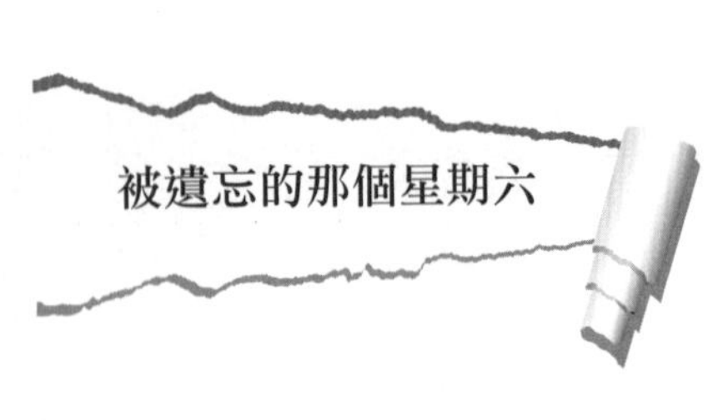

「對，墳墓是我的。可是，屍體屬於總督。你知道這是羅馬人的習慣，因此，我不確定我們再繼續這件事是不是妥當……也許回家談比較適合。要去見總督嗎？……」聲音越來越小，直到消失在往尼苛德摩家的小路上。吃飯時，尼苛德摩一一地向若瑟提起自己早上參與聖殿禮儀時的領悟，若瑟不禁欽佩尼苛德摩不愧是眾人所尊敬的老師，他對經文的了解與應用都深深地打動他。

＊＊＊＊

門徒們看見尼苛德摩從街道上走過，他的出現使他們感到安心，也提醒他們，耶穌自始至終確實有過一些有影響力的朋友，雖然他們的影響力不足以改變事情的過程與結果，但至少他們有些能力可以保護他們。

因為已過了安息日，使他們更加擔憂目前的情勢。因此屋裏的他們，總是有一位門徒負責從門的縫隙觀察與看守。其實，這一點也不管用，因為假如真的有人要來捉他們，他們從另一個出口逃離這個房子的機會是微乎其微。但是，他們大概認為無論如何，可以有點心理準備。

過了一段時間之後，看守的門徒看到阿黎瑪特雅人若瑟也經過此處，然後往下坡走去。這時，立即引起門徒們的驚慌與騷動。這個時間街上幾乎沒什麼人走動，現在居然同時出現了兩位出色的公議會成員。

「該不會是他們聽到什麼傳聞，如同多默所猜想的，因此他們正在設法保護我們。」

「你以為他們會關心我們嗎？」

「他們根本不知道我們在哪裏。」

「甚至不知道我們的存在！」

「為什麼你會以為他們的行動和我們有關呢？這個世上還有很多的問題是他們可以討論和關心的。」過了一會，看守的門徒報告最新的情況：

「現在，他們兩個人一起走了回來。」

「難道他們在尋找對方。」

「至少是若瑟要找尼苛德摩，而尼苛德摩則是走原路回去了。」

「他們只是有事要談而已。」

「有什麼好奇怪的。」

「是有些不對勁，他們一個是法律經師，一個則是在耶路撒冷附近村莊的有錢人，看不出來他們之間有什麼急迫的共通點，非得要現在談論。」

伯多祿明智的見解使眾人安靜下來：

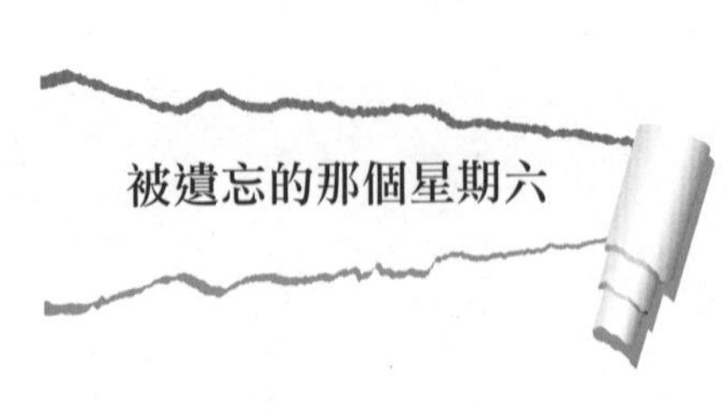

「也許他們正在談論或考慮，如何改善耶穌的安葬方式。我們或許不應該在此胡思亂想，反而應該去看看我們能不能幫點忙。」伯多祿的建議有些危險，因此沒有人敢出去，但至少讓眾人平靜下來。

＊＊＊＊＊

加里肋亞的婦女們來到二位瑪利亞所在的房間，他們熱情地問候彼此，也抒發了自己壓抑已久的情感。經過一段時間的寒暄，一一互相擁抱，分享彼此相見的喜樂以及這幾天的淚水。最終，大家各自找了個位子坐下。

還有一些安慰

事實上，她們並沒有什麼事要談。她們都願意幫助耶穌的母親瑪利亞，因為她現在沒有倚靠了。但是，她們並沒有提出什麼具體的計劃，就像接待旅客的哈尼耳房東一樣，很有熱情，但也只有熱情。另一方面，她們也知道，耶穌離開母親四處宣講時，瑪利亞已被安排妥當，並不缺乏什麼。不過，此一時，彼一時。過去，耶穌人還活著，並且是個受人喜愛、尊重的老師；現在，他的死亡會不會造成瑪利亞生活上的困難與阻礙？面對熟識耶穌的人應該不會，但對那些聽從公議會決定的人可能就會。她們絕對相信耶穌不會說褻瀆的話，也不會是個叛亂的人，她們不會認同公議會的決議。瑪利亞一點也不需要旁人告訴她，她的兒子有多麼好。不過，她知道有些人還惦記著耶穌，想念他真正的面貌——不是像反對者所想的樣子，這讓她感到安慰。她感謝她們的來訪，也謝謝她們對耶穌的感情，感謝她們對耶穌的懷念與對自己的關懷。瑪利亞瑪達肋納非常贊成天一亮馬上就到墳墓去，於是眾人約好各自離開住處後，到一個小廣場會合。

期間她們只有一些簡短的對話，之後，時而沈默，時而嘆息，時間過得比她們所想的還快。突然，有人提醒：

「時間已經不早了，還得買些東西，該離開了。」她們離開時滿懷熱情，如同方才來到時一樣。告別了彼此後，蘇撒納和約安納首先離開，因為她們比較著急等會要做的事。

* * * * *

約安納知道有一個地方可以買到帆布，她和她的先生上耶路撒冷時，曾在那裡買過一些做衣服的布料。她希望她的記憶沒錯，也希望這家店還在相同的地方營業。

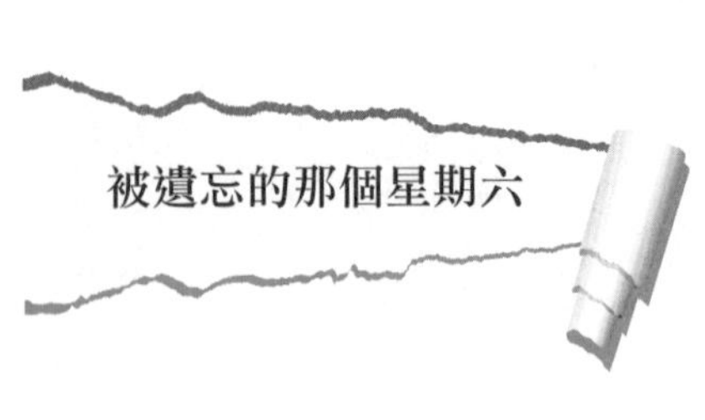

店面開著，更好是說和其他的商家一樣是半掩半開的。老闆陳列出所有的布料，同時讚美每塊布的品質是多麼的好。她們挑了一大塊帆布，足以將耶穌的身體全部包裹起來。為了覆蓋耶穌的頭，她們選了一條帶有花邊的絲巾，這雖是送葬用的絲巾，但卻帶著些許喜樂的味道。

儘管價格很高，但也不是太過分。反正，看得出來她們是外地人，而且是有錢人。當然，這讓她們感到不舒服，不過，既然這是最後為耶穌所花的錢，她們也不打算和老闆討價還價。

「這兒不是最後一個要去的地方，是倒數第二個。」約安納提醒說：「我們還要買香料。」她們離開布莊後，便往舍瑪黎雅家走去。

* * * * *

晚餐後，厄里匝番、彼耳達得和耶孚乃聚在納巴耳家前，他們待在一處比較亮的地方，一同乘涼、聊天。反正，在逾越節期大家都比較空閒。他們開始談論之後的一整天可以做些什麼，有人提議不妨往北方的道路走去，散散步，一定會看到一些有趣的事，可能有一些沒什麼錢的朝聖者，也可能有些急著趕路回家的人，還可以看到不同的人穿著不同的衣服，帶著不同的牲口，他們的表情、他們的舉動應該都滿有意思的。正如上午他們之間的對話，彼耳達得向大家致歉，說明自己一早會很忙，因為有許多人上耶路撒冷獻祭。和平祭、贖罪祭後所剩的祭品，人們不可能一下子都吃完或是帶回家，因此就會來店裏做買賣。朋友們幽默地回應說，這是他們早就料到的。這時，尼苛德摩走了過去，彼耳達得忍不住好奇地問：

「你們看，拉比尼苛德摩！這個時候，他要去哪？」同樣的敬稱，聽起來卻不像舍瑪黎雅那帶有目的的討好語氣。尼苛德摩一點也沒聽到，因為他的耳朵隨著年齡的增長，已經逐漸不靈光了。不過，更主要的原因是他依然沉浸在自己的思緒裏。他一邊走，一邊喃喃自語，思索著自己一整天所連想到的經文。就連他進到店裏和老闆做買賣時，也好不容易才從這個思緒中抽離。特別是當他在吃飯時，向若瑟說出自己的領悟，向他解釋這些經文，使得他此時此刻又更加清晰與明白。看他嘴裏唸唸有辭，耶孚乃開玩笑說：

「從早上直到現在，他該不是要唸完整部聖詠吧？」

「你懂什麼！也許他已經唸到約伯傳的一半。那裡說道：我確實知道為我伸冤者還活著，我的辯護人要在地上起立：但我仍要看見天主（約十九25～26）。」朋友們相視而笑，尼苛德摩則是消失在轉角處。

門徒們再次看到尼苛德摩經過，使他們更加感到好奇。

＊＊＊＊

尼苛德摩沒聽到什麼聲音，也沒注意到什麼人。他繼續走向舍瑪黎雅，到了店裏，他也沒待很久的時間。他所訂的東西差不多都準備好了，他等了一會，支付了剩餘的錢就離開了。他的僕人不讓他提比較輕一點的器皿，便藉口說，左右各提一個，比較好平衡。事實上，僕人覺得他老人家很可愛，雖然看來還很有精神，但卻不了解自己其實已經沒有能力做這事了。

從長計議

買完布的蘇撒納和約安納在往舍瑪黎雅的路上，遇見了尼苛德摩。約安納立刻認出他來，並停下腳步向他問好。尼苛德摩想了一會，直到約安納提醒他，她們常同耶穌在一起，他才認出她們。她們向他說，她們打算買一些香料敷抹耶穌的身體，因為前兩天一切都太匆忙了，所以沒能來得急做得完善。尼苛德摩向她們說，剛好自己也是這樣打算，並且已經買好了一百斤香料。婦女們一聽，又看到僕人手上所提的，感到相當訝異，內心也充滿羞愧，自己從來就沒想過要買這麼多，就連四分之一的量也沒想過。好險，街道上光線不是很明亮，不至於被人看出她們羞紅的臉。

「你們不必再買了，這裡的已經足夠了。」尼苛德摩很自然地說，沒有任何羞侮之意，反而是很高興婦女們可以省下不必要的花費。他也告訴她們墳墓目前有人看守，他原本也不知道，是剛從阿黎瑪特雅人若瑟那裏得到的消息，若瑟也就是墳墓的主人。他們兩個人已經安排好，打算一大早去面見總督。不過，現在知道婦女們也打算去到墳墓，因此或許該有另一個計劃。

尼苛德摩決定讓僕人先行回家，因為他現在要同婦女們去若瑟家，大家再一起商量早上的事。看守的門徒第四次看到尼苛德摩經過，身旁還多了蘇撒納和約安納，立刻通報大家說：

「尼苛德摩又到街上了，而且這次身邊還有蘇撒納和約安納。」

「現在是什麼情況？」瑪竇因為在葛法翁從事稅吏多年，所以認識約安納，特別知道她丈夫的身分地位。他不禁悲觀的從約安納想到雇撒，從雇撒想到黑落德，從黑落德想到比拉多，然後總結說：

「約安納一定是從她先生那裏聽到什麼要對付我們的計劃，所以去找尼苛德摩看看他能不能幫上忙。」一聽到這樣的推論，大家都驚慌害怕了起來：

「多默做得對。」

「這就是猶達斯的為人。」

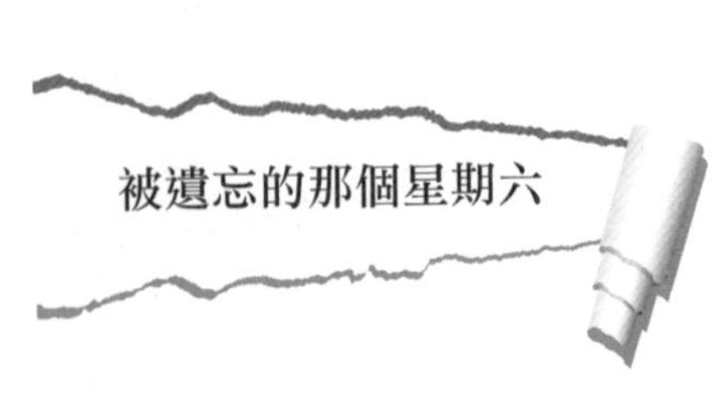

「好啊！他要除去我們，消除他出賣的證據。」若望咬牙切齒地回應。

「一位法律經師以及兩名婦女就觸發了你們所有可怕的想像力嗎？」巴爾多祿茂的話，使緊張的氣氛又平息了下來。

「大家放輕鬆一點！再這樣想下去，我們遲早會發瘋的。」斐理伯成功地緩和了大家的焦慮。

* * * *

夜晚的涼意在墳墓附近開始可以感覺得到，為了暖和身體，士兵們開始走來走去，而司祭們早就開始不停踢腳，因為他們身上防寒的羊毛皮並沒有辦法遮到腳。

每個人都同意晚上大家可以輪流睡一會，他們決定每次由兩個人看守即可，其他人就可以休息、睡覺。一有危險，看守的士兵立刻喊叫一聲，大家就會醒來防衛、攻擊，羅馬的十夫長點點頭表示同意。司祭們也允許聖殿的守衛實行這樣的方案，當然他們自己也想睡覺，特別是阿納尼雅司祭，因為聖殿帳幔破裂一事，使他前一個晚上都沒睡好。

這個時間他們沒心思聊天、談話，一想到自己的現況，就不知道自己該笑還是該哭，或是該為這餿主意感到憤怒。但是，不論如何，他們已經在這裡了。而且相形之下，別處的羅馬輔助兵說不定會遭遇到什麼更危險的戰事，倒是聖殿的守衛比較不受影響，因為他們畢竟本來就不隸屬於軍隊，他們原本的工作，僅僅是在小小的範圍內，維持秩序即可。但是，現在卻與他們以往的工作不同，不在室內而是在露天的墳墓旁。對此，不禁心生咒罵：「該死的總督、該死的大司祭！」

* * * * *

在尼苛德摩的帶領下，約安納和蘇撒納走向若瑟的家。當他們走近時，看到屋內還有燈光，使他們安心不少。若瑟正在屋裏安排一些事情，因為他打算處理完墳墓的事後，立刻動身回家。他正打算上床睡覺時，聽到了敲門聲。敲門的聲音令他有些緊張，不過他很快地就恢復平靜，因為聽到門外是尼苛德摩的聲音，而其他的聲音是出自於女人。因此，決不會是什麼官方或正式的事。尼苛德摩進屋後，介紹雙方給彼此認識，然後，提出他的想法：

「這一些從加里肋亞陪伴耶穌的婦女，她們願意給他更好的敷抹與包裹。」

「我想我認識她們其中之一。」若瑟繼續說：

「耶穌被埋葬的時候，有幾位婦女一路遠遠的跟隨著我們，並且從遠處看著我們將他安葬。」約安納聽到若瑟的話，內心充滿感激，因為地位尊貴的他與丈夫有著很

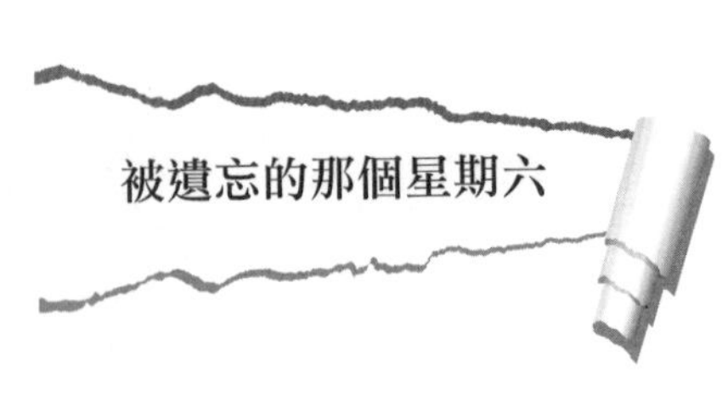

大的不同，甚至可以說態度迥然不同：

「我們非常感謝你為老師所做的，我們沒有一個人可以為他這麼做，唯有尊貴身份的公議會成員，才能向總督請求被處決的屍體。」

「我們也知道，當時時間已經不多了，在沒有什麼準備的情況下，不能做得更好了。」

「但是，假如我們可以做些改善的話……」

「我們新買了一塊殮布以及汗巾，盡我們可能找到最好的。」

「就在我們打算買一些香料時，在路上遇到拉比尼苛德摩，因此知道已經有了充足的香料。」

更完善的安葬計劃

若瑟終於能夠插入她們的的話，他對她們所買的布給予高度的讚許，確實是具有相當好的品質。他也表示自己很高興能見到其他人同樣如此關心耶穌，例如：著名的尼苛德摩……或是黑落德的管家的太太。尼苛德摩藉此機會，繼續說出自己的計劃：

「我們不知道士兵們收到的命令是什麼。所以，我想最好按照婦女們原有的計劃去進行。假如士兵們讓她們進去，那麼她們其中之一，可以來通知我們，我們之後也可以照樣去做。因為如果他們允許婦女們進去，那麼更應該不會拒絕墳墓的主人，和一個行動不便的老人家。如果事情可以這樣進行，那麼我們也就不需要去求見總督。但是，如果婦女們不被允許的話，那麼我們沒有別的辦法，只好去找比拉多，到時就要求天主憐憫、幫助我們。」

若瑟同意尼苛德摩的計劃非常合乎邏輯也具有可行性，這樣也可以避免和總督打交道。婦女們說出她們的計劃，她們打算天一亮，只要略有微光，她們立刻出發。他們點了點頭。他們原想建議她們，是否可以多帶另一位婦女同去，好讓她可以回來通知他們，又可以不影響婦女們的工作。但最後他們還是取消這個想法，因為畢竟人越少越好，以免引起士兵們不必要的懷疑，然後他們兩個男人再去（也許再加上一、二個僕人就夠了）。來訪者離開後，若瑟就上床睡覺。

* * * * *

尼苛德摩和約安納、蘇撒納離開若瑟的家後，才意識到自己已差遣僕人先行回家，結果現在婦女們卻沒有香料。不過，他也發現婦女們身上沒有帶任何容器，因此她們不得不先到尼苛德摩的家。目前，一切都進行得很好，接下來的事也不會有太大的困難，這使得尼苛德摩相當高興。

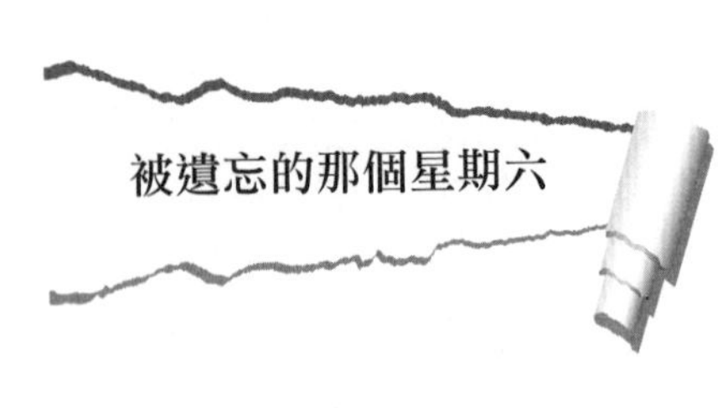

差一點露出破綻

路上，他們剛好遇到黑落德一行人與比拉多吃完晚餐後打道回府的三輛轎子。對約安納而言，這個時刻有些煎熬、有點緊張。第一輛過去了，第二輛過去了，第三輛卻停了下來。坐在第三輛轎子裏的雇撒看見了約安納，把轎子停了下來，叫住約安納，詢問她為什麼這麼晚了還在路上。她含糊的解釋說，她同她的朋友打算在返家前買些東西帶回去，而這位老先生很友善的告訴她們，哪裡可以買到她們想要的東西，並且還陪她們走一小段路。雇撒沒有想太多，特別是在一頓非常美味的晚餐之後，於是讓她離去，他自己也繼續往前行。黑落德和黑落狄雅因為看到雇撒停了下來，他們的轎子也停了下來。不久，三人的轎子又繼續前行。

很快的，約安納、蘇撒納與尼苛德摩回到他的家，她們拿了兩個小器皿盛裝了一部份他剛買到的香料。由於時間已晚，她們馬上和尼苛德摩告別，準備回去，不過還花了一點時間和他推辭，因為他認為天色已黑，他要派一位可靠的僕人護送她們。她們再三推辭，並肯定自己住的很近，不會有什麼危險。

第七章：晚上

夜色的確深了，她們離開後還是有點害怕，所以步伐走得相當快，直到她們約定會合的小廣場後，兩人分別回到自己住的地方。沒多久，約安納就回到瑪達肋納和耶穌的母親瑪利亞所在的屋子。過了一會，蘇撒納也到了。哈尼耳在門外正等著蘇撒納，兩個人一見到彼此就鬆了一口氣。

分開後的兩位婦女各自回到自己所住的地方後，與其他的婦女陳述一早的計劃，並將所買到的東西與盛裝香料的器皿，交給一早要出發到耶穌所在的墳墓的婦女。約安納交給瑪利亞瑪達肋納，蘇撒納則是交給雅各伯的母親瑪利亞以及載伯德兒子的母親。

耶穌的屍體靜穆的躺在墳墓裡的石板上，已無氣息。潔白的殮布包裹著傷痕累累的身體，汗巾覆蓋著臉龐，安詳的面容，彷彿不曾經歷那場椎心刺骨的苦難。眾人在前一天傍晚便已匆匆離去，獨留耶穌……。

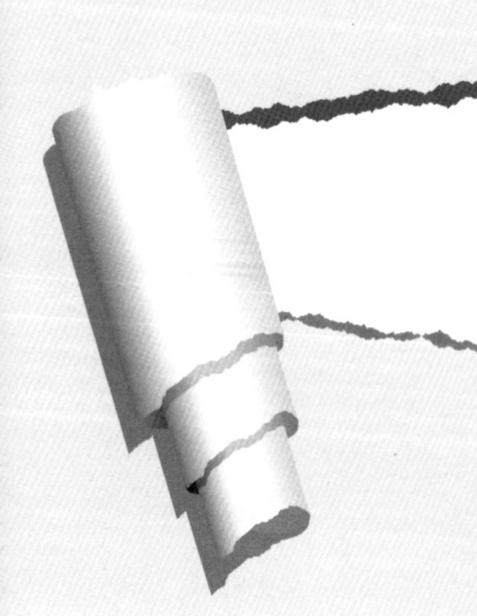

第八章：夜晚

耶穌的屍體靜穆的躺在墳墓裡的石板上，已無氣息。潔白的殮布包裹著傷痕累累的身體，汗巾覆蓋著臉龐，安詳的面容，彷彿不曾經歷那場椎心刺骨的苦難。眾人在前一天傍晚便已匆匆離去，獨留耶穌……。

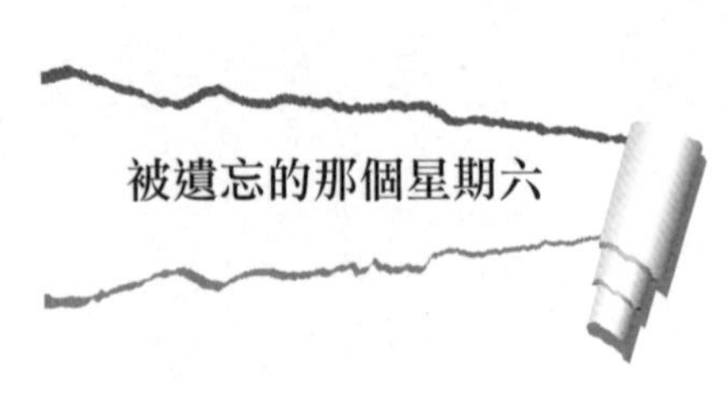

麵包師父革辣是耶路撒冷城中率先滅燈的幾戶人家之一，也是清晨較早點燈的人。正因為他平常的作息習慣早起，所以上床睡覺的時間也早，即使隔天早上他不用做麵包也是一樣。

依史雅一點也不反對，他從來就不會在每週的第一天抱怨父親太早熄燈。反正這一天他什麼也不能做，所以早點上床睡覺也好，特別是隔天他已與朋友安排了一些活動。

瑪赫拉——革辣的太太經過多年後，也已習慣了這樣的作息。她會比先生稍微晚一點入睡，並且提醒他要在睡前誦唸「以色列，請聽！（"Shema Yisrael"）」原本沒唸的革辣，在太太提醒後立即從嘴裏發出細微的聲音來回應，然後小小聲地誦讀一遍「以色列，請聽！」瑪赫拉熄掉油脂做成的蠟燭後，隨即入睡。

* * * * *

被治好的胎生瞎子回到家，如同母親先前所預料的，他在耶路撒冷街上徘徊許久，卻一無所獲。在他離家不久後，就遇到了蘇撒納和約安納，不過他們彼此並不相識，而門徒們則是毫無蹤影。

明天再繼續尋找

「你早點睡吧！也許明早太陽出來，就可以去尋找他們。假如他們要離開，一定是趕一大早，天剛亮就走。你現在該做的事，就是立刻上床睡覺，然後早上早點起來。要是我的話，天一亮，就往加里肋亞方向的出城路口去，看一看有沒有什麼人滿臉悲傷的樣子⋯」

被治好的胎生瞎子認為母親的看法很正確，於是向她道過晚安後，就回到自己的房間。在他的祈禱中，他增加了一個意向，就是盡快找到醫治他的人的門徒，並且使他有力量跟隨他們。此時，他已經精疲力竭，再也沒有力量了。躺下後，熄滅了陶碗油燈，睡著了。

* * * * *

很快地，**赤身露體逃走的少年**也上床了。他已經一整晚無事可做地待在家裡，無聊透了。他的父親以安息日為理由要求他在家，事實上只是藉故懲罰他在逾越節的夜晚跑出去。終於，這一天結束了。隔天，他打算和朋友們到附近的山林，去認識、認識環境。家長們都十分清楚，孩子是為了到山中尋找小鳥的巢穴，至少希望能從遠處

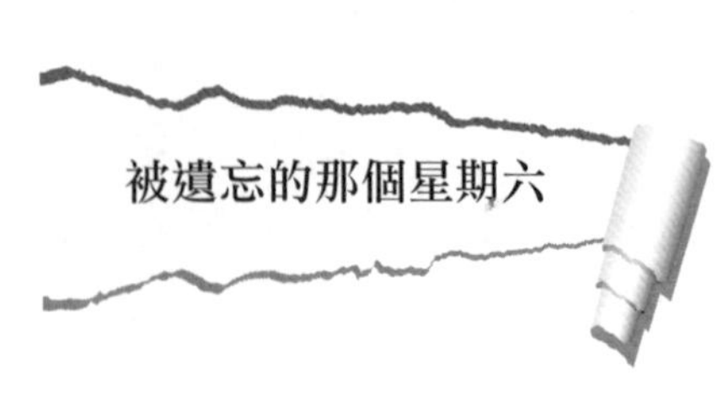

看到哪些地方有巢穴，然後彼此之間保有這個秘密，必要時也可以在同儕中展現自己所具有的知識，但不會破壞鳥巢，只是觀察它。

他來到自己的房間，脫去衣服準備入睡，這個動作很自然地讓他想起兩天前的那一個夜晚。不過，父親既嚴厲又節制的態度，幫助他沒讓這個思緒停留太久。很快地，他的父母也上床休息，因為晚上他們也沒什麼事好做⋯少年躺了下來，熄掉蠟燭，很快就進入夢鄉了。

＊＊＊＊

在安息日被治好的癱子回到家後，相當興奮，因為下午他自己走了一小段的路。晚餐時，他的話也比平時多，並且接受了小兒子的意見，第二天到耶路撒冷的街上，以及他被醫治的水池邊走走。事實上，他一點也不認識耶路撒冷，因為他們到耶路撒冷時，他已經癱瘓了，而被醫治以後，他也鮮少出門，更別提走遠。在病了那麼多年以後，他實在不容易走出過往的陰霾。

習慣成自然

沒隔多久，他又顯露出對小床的喜愛與依賴。沒有人有辦法使他換到另一張更好的床，雖然他現在已經可以走上樓了。因為一開始他就躺在一樓的小床，於是他已經習慣來到角落，躺在他的小床上。當他的太太來到小床邊，拿燭火上樓時，他早已呼呼大睡。

＊＊＊＊＊

門徒們在經歷多默的離開，以及克羅帕和他的朋友的告別後，更不知道自己要做些什麼。現在，他們唯一清楚的就是自己沒什麼事可做，如果事情會發生那就會發生。假如沒什麼問題的話，那麼他們一早醒來見到太陽時，再來想想自己可以做什麼。

在這個房間裡，大家為了入眠，或多或少試著找到適當的位置與姿勢，正如前一夜一樣，想辦法稍微睡一下。漸漸地，大家各自找到合適的地方。此時，已經沒有人站在門的裂縫看守。房間早已昏暗，所以沒有必要熄滅任何光線。整個耶路撒冷城，並沒有因為他們的休息而失去光亮。他們多多少少在睡前，想起要感謝以色列的天主，而且有的人甚至記得要稱祂為父，瑪竇就是最明顯的一個。

*　*　*　*　*

當尼哥德摩帶著約安納和蘇撒納來找阿黎瑪特雅人若瑟時，他已經準備入睡。既然如此，等他們離開後，沒隔多久，他就躺上床了。在現在這種情況下，如果要離開耶路撒冷，那麼就必須等到去墳墓為耶穌敷抹的事告一段落才行。

他一邊脫衣服，一邊想著要是蓋法，尤其是亞納斯，聽到他和尼哥德摩與婦女們為耶穌所做的事，必定會生氣。不過，他一點也不在乎他們會怎麼想，倒是覺得到時候他們臉部的表情一定很有趣，特別是當蓋法和亞納斯發現，他們的行動沒有任何非法之處時。所以，無論是在公議會或是在比拉多面前，都不能對他們怎麼樣。對阿黎瑪特雅人若瑟而言，這麼想並不是對蓋法和亞納斯心存報復，而是在這樣的情況下，會讓他在心理上平衡一些。

他誦唸了「以色列，請聽！」後，就睡著了。耶路撒冷城又少了一扇亮著燈的窗戶。

*　*　*　*　*

不用多說也知道，**真法利塞人**早早就準備上床睡覺。他已經全部安排妥當，準備第二天就離開耶路撒冷，而且早已向他的法利塞朋友們一一告別。他非常熱忱的感謝上主——以色列的天主，特別是他今天在聖殿，參加了兩次逾越節慶安息日的隆重祭獻。他慢慢地背誦「以色列，請聽！」如同他每天早晨所做的，如同自己在第二天早上，無論是在家裡或是在路上所唸的……

他懷著虔誠的心入睡。他把手伸向燭台，用濕潤的手指，將燭芯熄滅。耶路撒冷的夜裡，又少了一處光亮。

＊＊＊＊＊

猶達斯回家了。他一方面情緒不佳，另一方面又相當滿意。

終於成交

他與農場老地主的交易談何容易，但不至於令人生厭。只可惜合約不能立即生效，因為安息日無法馬上到找兩位見證人。「希望先生不介意明天早上回來時帶證人同來。」老地主說。臨走之際，老先生挽留他說：「先生來的時候已經走完了安息日

許可的里程數。」不過，猶達斯推論自己過克德龍溪時，日落的影子已經落在他的腳後；可是老先生卻堅持，雖然影子已經來到他們所在的農場，可是太陽應該還高掛在天上，所以應當等待，不該起程。猶達斯諷刺他說：「等你搬到西海岸後，安息日會變得更長。」沒想到老先生的答覆令他驚訝不已：「這就是我所要的。」猶達斯不願反駁他，以免煮熟的鴨子不翼而飛，那可就得不償失了。最後，他終究擺脫老地主啟程上路，此刻山谷已經一片漆黑，這讓猶達斯異常生氣，因為路況益發危險了。幸好，再過幾個鐘頭這塊農場就歸屬於他的名下，一想到這，氣也就慢慢消了。

回到家時並沒有人等著他，家人對他經常不在家的情況早已司空見慣。猶達斯找到一點東西充饑。既然找不到人只好將就吃了，然後上樓回到房間。他稍為回顧這些天所發生的事，想起剛剛結束的生涯，想到他的夢想化為泡影，想到突然發生來不及準備就緒就要展開的生活⋯等等。

雖然不怎麼稱心如意，也只得順其自然。猶達斯上了床，吹熄蠟燭。那時真是黑夜。

* * * * *

特別的日子

比拉多和波庫拉送走黑落德一行人後，在餐廳外的陽台稍坐一會。波庫拉望著天空對比拉多說：「月亮開始沒那麼圓了，慢慢地又要變成下弦月了。」比拉多提醒她說：「我們會在耶路撒冷就是因為月亮的原故（不過，也要感謝皇帝和塞亞努斯——我的好朋友的幫助），因為猶太人的節日就是按照月亮的週期來計算的。」他們看了一會月亮後，很驚訝的發現，已經許久沒有像現在這樣揮霍時間了。很長的一段時間裡，他們就是坐著，靜靜看著天空，偶爾也望向黑夜中的耶路撒冷城。他們彼此之間沒有很多的交談。

最後，夜晚的寒意驅使他們離開陽台，回到房間。比拉多回顧自己這一天，很不同於以往，是個很特別的日子。先是早上的散步，然後是司祭們的請求，以及晚上與黑落德一起吃晚餐，完全打破了許久以來千篇一律的例行公事，除了穆雷納向羅馬上呈的報告之外。他的妻子點點頭表示贊同，並且感到非常高興，因為她對例行公事實在感到相當厭煩。

他們一面走，比拉多就順口提到：

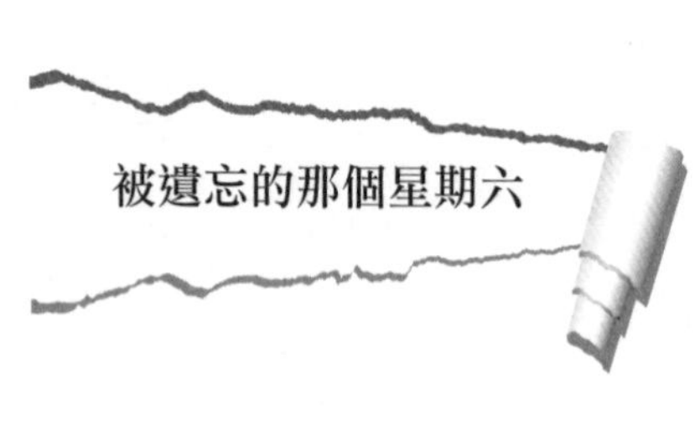

「大致說來，我們今天有一個非常愉快的晚餐。但是，前一天猶太人卻讓我過得很煎熬……我永遠都不會了解這個民族。」到了房間，波庫拉親自收拾自己所佩戴的珠寶，將它們一一放回盒子，然後放在一處安全的地方。兩位婢女幫助她卸下衣服，並且仔細地折疊好，然後幫她掀開床被。比拉多早已在床上，波庫拉準備好後，婢女們向他們鞠了躬，帶走水晶油燈，這對夫妻很快就睡著了。

* * * * *

黑落德和黑落狄雅是較晚入睡的。晚餐吃得很好、很多，讓黑落德已經昏昏欲睡，急於上床休息。儘管他是快到中午才起床的，但是因為前一天晚上徹夜通宵的宴會，再加上今晚葡萄酒的作用，更引發他宿醉頭痛的後遺症。於是，他直奔到他的寢室。臨走前，他問妻子：

「你有沒有了解為什麼比拉多要邀請我們吃晚餐，今晚的晚宴？」他的太太也不知道為什麼，所以沒有回答。黑落德繼續說：

「我從來就不了解這些羅馬人……。」在僕人的幫助下，他很快地上床睡覺，並且發出打鼾聲。隨即，他的窗戶就不再透出任何光亮。

黑落狄雅又花了一段相當長的時間，首先要卸下她身上的寶石和手鍊，並且監督奴婢們一一擺放好。她幾次提醒她們，並責備她們其中之一，因為她太過用力拉開鍊子，以致鍊子勾到衣服。隨後，她開始卸妝，幾乎是跟下午化妝時一樣複雜。不過，現在有個好處，就是黑落德不在，他已經在隔壁房間打呼，所以他不能逼她快點或是取笑她。終於，黑落狄雅滿意地處理完一切，準備上床睡覺。

不過，她仍是有點不快的嘟囔一下，因為婢女們床罩抬得不夠高，使她的臀部撞碰到一處床角。等她完全感到舒適之後，才命令眾人離去，除了一位應當留守在床腳邊的婢女，以防女主人半夜有什麼需要。這位婢女熄了屋裡的燈，使黑落狄雅的窗口也暗下了。

其他的婢女們愉快地走著，因為這一天沒有宴會，所以不必跳舞，她們可以早點休息。她們手上拿著青瓷油燈，使得走廊的窗戶透出光亮，直到她們走到樓梯間，往自己的房間走去，光也就跟著消失了。

* * * *

雇撒的太太約安納回到自己住的房子，向二位瑪利亞陳述自己所知道的事。她怎麼碰到尼苛德摩的，而且他買了非常多的香料，為了敷抹耶穌的屍體；也提到關於墳

墓旁的守衛，還有尼苛德摩和阿黎瑪特雅人若瑟，他們的所有安排與計劃。有關墳墓旁的守衛，她們並不感到驚訝，也不厭煩，經過星期五所發生的事後，可以想見大司祭可能會做的任何事情。耶穌的母親瑪利亞很快就入內休息，因為她感到非常疲累，尤其是經過這兩天之後。瑪利亞瑪達肋納則是繼續詢問約安納關於她所講的新消息，以及隔天一早的行動。約安納於是再次仔細地說明尼苛德摩的建議，以及若瑟的計劃，好讓瑪達肋納放心。

為明天做準備

約安納也希望早一點做準備，萬一她必須或是也能一同前去墳墓的話，因此向彼此說聲晚安，準備休息。瑪達肋納拿起一早要帶到墳墓盛裝香料的器皿，兩個婦女各自回到自己的房間。她們入睡前，也記得要感謝天主——耶穌教導她們要稱天主為父，她們感謝天父有那麼多好的人，他們都記得耶穌，並且願意幫助她們所要做的行動。

不久之後，她們熄滅燈火，睡著了。

* * * * *

墳墓邊的守衛如同他們原先所計劃的，準備抽籤輪班值夜。他們首先安排第一班聖殿的守衛執勤兩個小時，而羅馬的第一班輔助士兵則是執勤四個小時，之後大家都是每四個小時輪一班。這樣一來，雖然他們都是每隔四個小時換班一次，但實際上卻是每隔兩個小時，就有人在做交接。這樣，大家比較容易始終保持清醒。抽完籤後，第一班執勤的人尋找合適的站崗位置，而其他人則是蜷縮在自己的外套裏，並把武器放在手邊，漸漸地睡去。司祭們不守夜，而且他們身上有防寒的羊毛皮，早就已經睡了一段時間，尤其是阿納尼雅。

* * * * *

尼苛德摩（「拉比尼苛德摩」——這句話一直在他耳邊響起，因為舍瑪黎雅曾多次這樣喊他）準備了給蘇撒納和約安納裝香料的小器皿後，陪她們走了幾步路，因為她們堅持勸他留步，所以他只好回家。他先詢問今晚陪他去買香料的僕人，今晚有沒有吃到熱的晚餐，然後告訴他，沒什麼事了，可以去休息了，也許，清晨需要他的幫忙。

既然他沒什麼別的事要做，所以就走向自己的房間。他一面走，一面誦讀一整天在腦海裏迴響的依撒意亞先知的話。然後，他感謝天主讓自己可以親眼見到先知所預

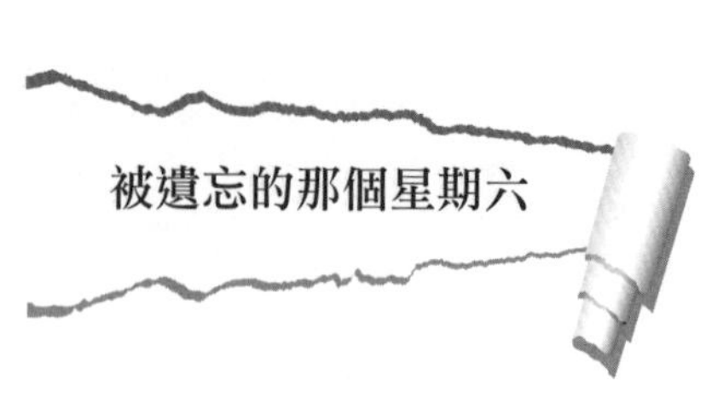

言的那一位，並祈求天主使他可以參與他被舉揚的日子，如同他參與了他的死亡。他懷著這樣熱切的渴望上床，而他的太太早已沉睡。他熄掉陶碗油燈後，耶路撒冷又暗了一些。

＊＊＊＊＊

在拉比尼苛德摩離開後，舍瑪黎雅立刻就把店門關了，比自己預料的還早一些。反正，他從來就沒想到這一晚會有這麼一筆大生意。他要求工人將所有盛裝過香料的器皿、器具徹底清洗，然後一一歸位。等一切都收拾妥當後，他開始拿起記帳本，除了更新收入之外，也記錄下庫存數量。他仔細地整理後，準備睡覺。他在心中想起他的朋友們，並且許下承諾，等見到他們，第一件要做的事就是請他們吃飯，讓他們分享自己的收穫，也要向他們說尼苛德摩（在他的腦子裏並不強調「拉比」的名稱）親自來店裡光顧，並且他還給他折扣。講了這些話之後，會使他更為快樂。他回到房間，想起要感謝以色列的天主，因著剛剛過去的安息日，同時也感謝新的一週，開始得很順利。他帶著微笑入睡。

他的朋友們也差不多在這個時候躺在床上。一個想到他的船隻，另一個則是想到他的商隊。因為這一天沒有得到什麼來自天主特別的恩賜，所以他們做了日常的感謝和比較簡短的禱詞。

之後，他們一一熄掉銅油燈，耶路撒冷的三個窗戶，也一個一個的暗了。

* * * *

耶孚乃和他的朋友們彼此沒有約好時間，但卻在差不多的時間點同時睡覺。他們吃完飯後，在納巴耳家前聊天、談話，然後就各自回家，帶著家人開始準備睡覺的地方（不是所有的房子都有單獨、專門用來睡覺的臥房；家中每個成員都有自己睡房的房子就更少了）。等家人們都找到睡覺的空間後，遂將燭火吹熄。他們是不是都唸了「以色列，請聽！」或是說誰有唸，誰沒有唸，這只有天主知道。反正，也只有天主要判斷。不僅是這四個朋友的家滅了光；其他周遭的鄰居也差不多在十五分鐘後熄燈。在那邊住的人都是一般的老百姓，每天辛苦的工作著，因此也養成了固定睡眠時間的規律作息。

那麼多戶人家滅了光源，使得耶路撒冷頓時暗了許多。這不是因為他們的燈非常明亮（因為他們沒有多花錢在油或是蠟上），而是因為有很多戶同時熄燈。黑暗一到，整個城也都靜了下來。

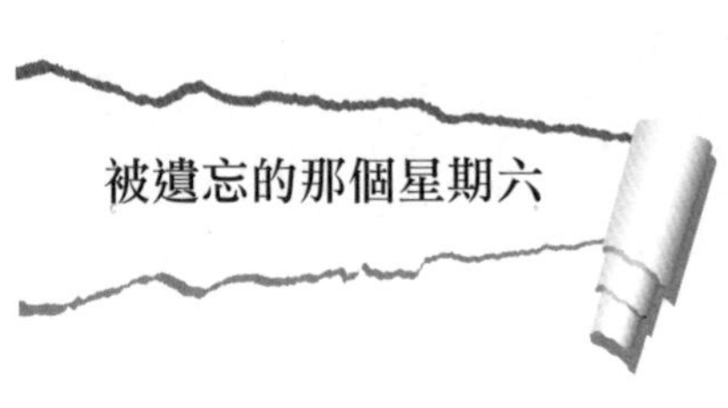

*****

蓋法的寢室沒有什麼特別的事需要他花時間。他相當滿意自己的作為，但還不是很高興，他同司祭們下午的談話著實困擾了他，不是因為擔心自己地位受到動搖，而是不喜歡司祭團中出現嫌隙。而且，法利塞人的思想似乎也影響了他們。不過，無論如何，這一切都沒有減少他對自己的滿意程度。

雖然一開始亞納斯的建議令他感到不悅，可是，等他成功地完成任務之後，他感到非常滿足。現在，一切又歸於平靜，而且，必定可以平靜很久，什麼都不會發生。亞納斯的女兒、他的太太早已在床上，蓋法不久後也睡了。

*****

蘇撒納和雅各伯的母親瑪利亞，以及載伯德兒子的母親稍微多談了一段時間，因為蘇撒納向她們提到最新發生的事情，她們一聽到在墳墓邊上有守衛的事，開始有些緊張。不過蘇撒納要她們不要擔心，並沒有什麼危險，最壞的情況頂多是不允許她們進入，而且阿黎瑪特雅人若瑟和尼苛德摩已經先注意到這個問題⋯

哈尼耳見到蘇撒納安全回來後，就向她們說晚安，回到自己的房間裡。婦女們也回到自己的房間，並且收拾好自己的行李，因為一早用香料敷抹耶穌的屍體之後，她們就要趕快離開。她們躺在小床上感謝天主，想起了耶穌和他的教導，祈求天父接納耶穌並與他同在。她們決定不要再浪費哈尼耳的油，因為她們意識到他並不富裕，因此，熄滅了陶碗油燈，睡了。

* * * * *

阿達雅——本週的第一天的聖殿值班司祭，感謝自己是在這一天值班，而不是前一天。他聽說有關聖殿帳幔的事以及阿納尼雅內心的惶恐。今夜，一切都很平安。有一個新的帳幔掛在至聖所與聖所之間，好像什麼也沒發生過一樣。祭獻用的器皿，也都已清洗、收拾妥當。一天下來，有許多祭獻的羔羊，因為今天是安息日，並且還是逾越節慶的安息日。相信接下來的日子會有更多的奉獻，特別是個人的祭獻，因為前兩天是逾越節和安息日不能做。不過，阿達雅相當有自信自己已經一切準備就緒。

巡視聖殿

他繞著聖殿走了一圈，為了確保聖殿的平安與秩序。然後，又從西邊的門往城裡

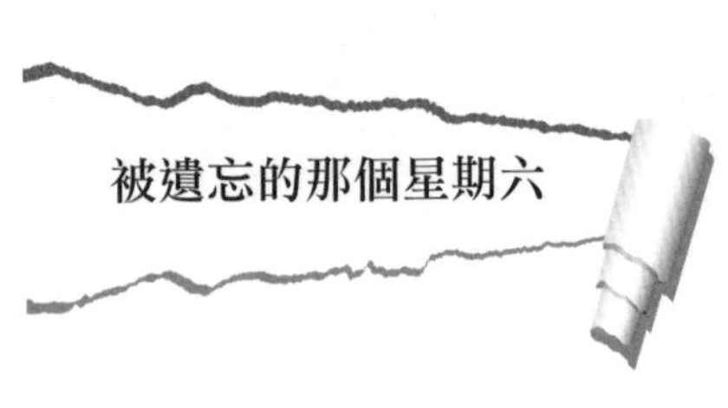

望去，大部份的城市都在他面前，不過，他幾乎什麼也看不到，因為月光並不明亮，最多只能看到城裡房子的輪廓，以及從窗戶裡透露出的一點、一點的微光。在這些房子之後，更遠一些，有個墳墓，可憐的阿納尼雅正在那看守著（很可能在睡覺），阿達雅再次為他感到同情。隨著城市中窗口的光一個一個的滅了，整個城市也陷入寂靜的黑暗。他同時也留意到，有時幾乎好幾個燈同時熄滅。他再繞一圈，然後回到原來的位置上。只剩下三個光點，在較北邊的那一處光，一下子就消失了。相反的，另一處光持續亮了一段時間，才暗了下來。最後，只剩下一個在他左邊的光，他幾乎可以肯定，那很可能是來自大司祭的宮殿。他想也許是宮殿裡的哪個僕人還沒睡，所以他不等這個光的消失，就回到聖殿。

* * * * *

不安的感覺

亞納斯重覆了幾次開燈和關燈的動作，也就是說他一下子命令照顧他的僕人點燈、一下子又命令他熄燈。他想睡覺，但卻沒辦法入睡。從下午開始，他就有種不安的感覺，而且越來越強烈。他一次又一次地告訴自己，如果會有什麼危險的話，那麼可以如何解決。不過，卻一點用也沒有。很明顯的，一切都很平安啊！不會發生什麼事的，一定沒有什麼事，也不可能發生什麼特別的事。他想就連可能是特別的事，他也已經處理了。然而，他不安的感覺卻依然存在，甚至讓他忍不住詢問僕人，這一天有沒有發生什麼特別的事。面對這個突如其來的問題，僕人感到相當驚訝，立即回答說：「沒有！」亞納斯鬆了一口氣，再次試圖入睡。他下令熄滅他的青瓷油燈，為了防止亮光導致他無法入眠。他至少要強迫自己睡一會兒……

就這樣，大祭司的宮殿也同周圍的房子一樣陷入黑暗。

*****

在耶路撒冷最後一扇窗子的光芒消失了。

就這樣，羅馬人的星期六結束了。

就這樣，按猶太人的算法，已經開始了本週的第一天。

作者的感謝

寫一本書常常是一個驚險事件，尤其是假如（當初）不完全了解為什麼要寫那本書：這麼說吧，我體驗到一種催促我寫作的推動，而同時也抱持著一個懷疑，關於適不適合、有沒有用、要用多少時間來寫這本書……等等。在這樣的狀況中，別人的鼓勵是非常重要的，為了完成這個工作，首先，我也感謝我所參與的不同生活團體的夥伴們，尤其是我自己的修會團體（編按，指耶穌會），他們鼓勵我、甚至讓我相信我所寫的書是值得寫的。

再來，我應該感謝黃富巧女士，這許多年來她與我合作寫了不少書，感謝她的忍耐以及越來越強的技巧，為了瞭解而用中文表達我所願意說的，在寫這本書時還應該加上另外一個困難，我們相隔了一萬多公里（編按，富巧現居比利時），不過科技能消弭距離。

接著，我特別應該感謝楊凱婷女士，她是輔仁大學中文研究所碩士，為使這本書能具體成形，她作了一個深度的重新編輯，因她認真地和成功地工作，使得讀者這一次讀的是一本中文書，而不會感覺是聽到一個外國人在說話。

我也願意感謝聖博敏神學院的房志榮神父D.S.S.（編按，Doctor in Sacred Scripture的縮寫），他又再一次很願意為我這本書寫序。最後——雖然也可以從這邊開始——要感謝星火文化，因為不只已經接受了這本書——在我還沒有寫之前！這對我已經是很大的鼓勵，而且在我寫完以後還留下它來，把它出版，這表現出很大的勇氣和愛。

穆宏志

國家圖書館出版品預行編目資料

被遺忘的那個星期六／穆宏志（Jesús M. Muñoz, S.J.）著. 黃富巧整理 -- 初版,
-- 臺北市：星火文化，2013年1月
面； 公分.（Search；1）
ISBN 978-986-85749-2-2（平裝）
1. 聖經故事

241 100011332

Search 001

被遺忘的那個星期六

作　　者／穆宏志（Jesús M. Muñoz,S.J.）
整 理 者／黃富巧
潤稿編輯／楊凱婷
責任編輯／陳芳怡
校　　對／徐仲秋・陳瑪君・李哲迪
封面設計／尼瑪
內頁排版／李秀菊
總 編 輯／徐仲秋
出　　版／星火文化有限公司
台北市100衡陽路7號8樓
電話（02）23319058
營運統籌／大是文化有限公司
業務・企劃／副總經理陳雅雯・業務副理康朝順・業務助理張偉婷　馬絜盈
讀者服務專線（02）2375-7911分機121
24小時讀者服務傳真：（02）2375-6999
香港發行／大雁（香港）出版基地・里人文化
地址：香港荃灣橫龍街78號 正好工業大廈25樓A室
電話：（852）2419-2288　傳真：（852）2419-1887
E-mail：anyone@biznetvigator.com
印　　刷／韋懋實業股份有限公司

■2013年1月初版
ISBN 978-986-85749-2-2

Printed in Taiwan
定價／300元